Lees wat anderen niet kunnen:

Beheers uw sociale en communicatieve vaardigheden

Lees wat anderen niet kunnen

Beheers uw sociale en communicatieve vaardigheden

IJ Nayak

Indië
2023

INHOUD

Het zou geweldig zijn als mensen zouden begrijpen wat er gebeurt in onze hersenen – een van de meest complexe organen ooit bedacht – waar geweldige ideeën en innovaties vorm krijgen. Zou het niet geweldig zijn als zelfs wetenschappers en technologie de mysteries ervan zouden kunnen ontrafelen – een integraal onderdeel dat tegenwoordig geen gelijkwaardige vervanging kent in machines?

Dus wat gebeurt er in onze hersenen?

Je zou kunnen stellen dat weten wat mensen werkelijk denken de communicatie zou helpen verbeteren en ons zou beschermen tegen potentieel gevaar. Het lezen van mensen klinkt misschien onmogelijk, maar kan van cruciaal belang blijken bij het elimineren van twijfels of het maken van onjuiste oordelen in alledaagse situaties met collega's, vreemden en dierbaren.

Wat is er nodig om mensen accuraat te interpreteren? Idealiter zouden fancy graden voldoende kennis verschaffen van de innerlijke werking ervan; anders kan het afhangen van intuïtieve krachten die je van je ouders hebt geërfd, of van verborgen geheimen die je moet ontsluiten. Ik geloof dat alle factoren een rol spelen.

Zelfs met alle boeken die ooit over de hersenfunctie zijn geschreven, blijft het nauwkeurig lezen van mensen onmogelijk. Goede genen of topgeheimen die via Google Zoeken worden onthuld, zullen ook niet helpen; Om iemands innerlijke werking echt te begrijpen is wetenschap nodig. Begrijpen waarom mensen denken wat ze doen en reageren hoe ze doen, zijn de sleutels tot het begrijpen van een ander individu.

Het ontcijferen van zorgvuldig bewaarde geheimen vereist kennis, observatie en begrip van gebeurtenissen, evenals sterke intuïtieve krachten om tot nauwkeurige conclusies te komen. Het allerbelangrijkste is echter het vinden van de juiste richting en het starten van de reis!

En dit boek weerspiegelt dat doel. Het verdeelt de wetenschap in hanteerbare stukken om lezers alle informatie te geven die nodig is om op een gemakkelijke en interessante manier gedachten te lezen. Door al mijn jaren mensen effectieve communicatietechnieken te leren, ben ik gaan inzien dat informatie die niet direct ten goede komt aan iemands doel snel nutteloos kan worden - terwijl ik weet wat er met de linkerkant van je hersenen gebeurt als je met je rechterhand een vogel tekent. kan fascinerend zijn, maar het wordt zinloos als je er in de toekomst niet mee gaat tekenen.

Daarom heb ik zorgvuldig wetenschappelijke informatie geselecteerd die specifiek is afgestemd op uw doel, namelijk het lezen van de gedachten van anderen. Ik vermeed complexe terminologie en bleef bij wat essentieel is: eenvoudige bevindingen met duidelijke uitleg.

Maar dat is slechts één aspect van gedachtenlezen; er is zoveel meer. Er zijn de geheimen, zelfevaluaties, subtiele signalen en communicatietrucs die je kunt gebruiken om een beter afgestemde luisteraar te worden. Ik gebruik de analogie van de rijzende zon wanneer ik studenten leer hoe ze welk ambacht dan ook onder de knie moeten krijgen.

Ik vraag mijn leerlingen elke ochtend hoe laat de zon opkomt. Degenen die vroeg wakker worden, hebben enig idee wanneer de zon opkomt, vergeleken met degenen die laat slapen; Niemand kan een exacte minuut geven, omdat niemand voldoende gemotiveerd of oplettend genoeg is om precies te weten wanneer. Dus dan geef ik ze een oefening - iets waarvan ik je aanmoedig om het nu ook zelf te doen.

Stel je voor dat je elke ochtend voordat de zon opkomt op je balkon zit en een krant leest terwijl je koffie drinkt. Zou het gemakkelijk voor je zijn om precies te weten wanneer de zon opkwam? Uw antwoord is wellicht nauwkeuriger, omdat het aanwezig zijn op het moment dat het gebeurde een goed inzicht geeft in het 'tijdsbestek'.

Stel je voor dat je op een balkon op het oosten zit, starend naar de exacte locatie waar de zon opkomt, kijkt hoe de warmte de lucht met gouden tinten aan de horizon kleurt en dan onmiddellijk op je horloge kijkt; uw nauwkeurigheid zou op die specifieke dag ongeëvenaard zijn, omdat u wist waar deze vandaan komt en u gefocust was op uw taak; je intuïtie zou ook in actie komen, waardoor nauwkeurige schattingen mogelijk worden, zelfs zonder directe observatie - je zou precies weten wanneer de zon opkomt ondanks voortdurend veranderende tijdzones!

Als ik nu aan een klaslokaal met studenten zou vragen hoe laat de zon opkomt, zouden degenen die zich echt hadden toegewijd om dit te ontdekken het meest nauwkeurige antwoord geven. Dat is precies hoe gedachtenlezen werkt; het vereist kennis, observatie en het besef dat ieder individu anders denkt, dus er is geen 'one size fits all'-oplossing die van toepassing is.

Het begrijpen van alle factoren die betrokken zijn bij het observeren van iemand vereist kennis en toewijding. Je hebt een solide strategie nodig om je in de goede richting te sturen – daar komt dit boek voor in de plaats – ik geef je alles wat je nodig hebt om een bedreven lezer te worden.

Dit boek weerlegt mythen en onbetrouwbare informatie die online beschikbaar is over het lezen van mensen. Het hebben van de armen over elkaar kan bijvoorbeeld een teken zijn van defensiviteit; maar in een koude kamer of zittend op een stoel zonder armleuningen kan dit gedrag eenvoudigweg te wijten zijn aan omgevingsinvloeden in plaats van aan persoonlijkheidskenmerken.

Het geloven of lezen van willekeurige, ongefundeerde 'feiten' is zowel onnodig als schadelijk; Mensen verkeerd interpreteren is erger dan ze helemaal niet kennen! Bij het lezen van gedachten gaat het niet om spionage of opdringerigheid; het gaat eerder om het begrijpen wat iemand werkelijk bedoelt wanneer hij met ons spreekt of communiceert; Door hun gedachten te begrijpen, kunnen we ons bewust worden van hun emoties wanneer ze reageren.

Feit is dat slechts 7% van de communicatie verbaal plaatsvindt, de rest vindt non-verbaal plaats. Gedachtenlezen houdt in dat je begrijpt wat iemand anders ervaart door te weten wat hun ware bedoelingen zijn achter wat ze zeggen en wat onuitgesproken is gebleven - iets wat dit zeer informatieve en goed onderbouwde boek meer biedt dan alleen een theoretische benadering van gedachtenlezen.

Dit boek biedt gerichte kennis en begrip, anekdotes uit mijn eigen ervaringen en leerervaringen, en een volledig alomvattende benadering die geen middel onbeproefd laat als het gaat om het begrijpen van de onuitgesproken wereld. We zullen ook verschillende persoonlijkheidstypes, motivaties en doelstellingen onderzoeken, zodat u precies kunt begrijpen hoe bepaalde individuen denken, waarom ze communiceren zoals ze doen en hoe u persoonlijke doelen kunt bereiken via hun berichten - dus laten we nu aan de slag gaan.

Wat is gedachtenlezen? Op het eerste gezicht lijkt het lezen van gedachten misschien een vorm van tovenarij of een onethische praktijk om in de persoonlijke gedachten van mensen te komen en daar grote schade aan te richten; wetende dat iemand uw gedachten kan lezen, zou waarschijnlijk alarm veroorzaken, ongeacht uw relatiestatus met hen; wetende dat ze zoveel macht hadden, zou ons in angst kunnen laten vluchten - er kan nooit een grotere superkracht zijn dan te weten wat er allemaal in onze hersenen gebeurt! Maar in werkelijkheid gaat het meer om begrip dan om invasie.

Gedachtenlezen gaat over het creëren van vertrouwen wanneer je met iemand praat, in de wetenschap dat hun boodschap niet verkeerd wordt voorgesteld of verkeerd wordt begrepen. Gedachtenlezen stelt ons in staat onuitgesproken woorden te begrijpen en de communicatie tussen de betrokken partijen te versterken - een vaardigheid van onschatbare waarde waarmee u zowel professioneel als persoonlijk sterkere verbindingen kunt opbouwen.

Onze favoriete mensen zijn meestal degenen die goed luisteren en ons begrijpen; mensen zoals de kinderarts of tandarts die wisten wanneer ons 'met mij goed gaat' niet helemaal goed klonk; vreemden in bussen die het begrepen als we van lichaamsgewicht veranderden en stoelen opgaven als dat nodig was.

Deze mensen luisteren, observeren en begrijpen onze behoeften en emoties met mededogen en begrip; ze zijn niet opdringerig, maar bieden in plaats daarvan ondersteuning van onschatbare waarde. Hun krachten omvatten onder meer dat ze precies weten wat er moet gebeuren en dat ze over de vaardigheden beschikken die nodig zijn om langdurige relaties op te bouwen door middel van dit bijna bovenmenselijke vermogen – precies het type mensen waarvan we heimelijk wensten dat we er meer op leken – niet geboren met dit vermogen, maar gemaakt door een bewuste beslissing om zich meer bewust te zijn van anderen om hen heen.

Gedachtenlezers wisten hoe belangrijk effectieve communicatie was; ze begrepen dat een effectieve dialoog diep luisteren en een diepgaand begrip van wat er gezegd werd vereist. Ze besteedden evenveel aandacht aan de stilte, de toon, de motivatie en de intenties van de sprekers als aan het zich bewust zijn van hun omgeving en mensen, terwijl ze verder keken dan vooroordelen, oordelen en beperkingen om gesprekken te beoordelen om verborgen waarheden af te leiden - in ruil daarvoor wonnen ze vertrouwen en begrepen ze respect als evenals het maken van betere oordelen en beslissingen, zowel professioneel als persoonlijk.

Gedachten lezen is alsof iemand een vreemde taal voor je vertaalt. Ze konden het letterlijk doen of hun motivatie verklaren achter bepaalde buitenlands klinkende woorden die werden gezegd.

Mensen lezen is niet zomaar een truc of truc die wordt gebruikt om iemands privacy te schenden; het is eerder een kunst die respect betuigt aan de emoties en gedachten van een individu.

Mensen leren lezen is een van de beste manieren om ervoor te zorgen dat gesprekken soepel verlopen en de cirkel rond zijn. Vaardigheden om gedachten te lezen zullen al het giswerk tijdens gesprekken wegnemen en vervangen door elementen van begrip, mededogen en relatieopbouw. Het vermogen om gedachten te lezen kan de interacties tijdens netwerkevenementen, bijeenkomsten op de werkplek of wanneer u iemand ontmoet die u zeer aantrekkelijk vindt, enorm veranderen; Het vermogen om gedachten te lezen kan een ongelooflijk effect hebben op de uitkomsten van interacties tussen twee individuen.

Gedachtenlezen is een kunst die diepgaande kennis vereist over hoe het menselijk brein werkt, mentaal aanwezig zijn, oordelen vermijden en observaties doen - maar het belangrijkste is dat het gaat om het creëren van de ideale combinatie van al deze vereisten om de gedachten van iemand anders te begrijpen, ongeacht wie hij of zij is. zijn, hun persoonlijkheid of uw relatiestatus met hen.

Gedachtenlezen is een diepgaand onderwerp, dus we zullen elk facet afzonderlijk behandelen voordat we strategieën aandragen over hoe u deze inzichten kunt toepassen om de perfecte omgeving voor gedachtenlezen te creëren!

Deel één behandelt alles wat je nodig hebt om aan deze reis van begrip van mensen en communicatie te beginnen. Het schetst wat we kunnen verwachten als we mensen proberen te lezen en welke fouten of belemmeringen we kunnen tegenkomen als we proberen te interpreteren wat iemand anders communiceert; bovendien gaat het in op enkele van de uitdagingen die we vandaag de dag tegenkomen in een steeds evoluerende communicatiearena.

Deel twee onderzoekt alles wat met onze geest te maken heeft. Het schetst hoe ons brein werkt en identificeert individuele verschillen als genetisch. Bovendien helpt dit deel je inzicht te krijgen in waarom mensen zich op een bepaalde manier gedragen en onderzoekt het verschillende persoonlijkheidstypes - zodat je mensen objectiever kunt bekijken en een beter oordeel over hen kunt vellen.

Deel drie richt zich op jou en wat je ter tafel brengt. Er zijn twee belangrijke aspecten bij het begrijpen van iemand: het kennen van hun manier van denken en het begrijpen van die van jou. Helaas belemmeren mentale barrières ons vaak om iemand goed te begrijpen. Onze eigen neiging om snel te oordelen en aannames te trekken op basis van persoonlijke vooroordelen, weerhoudt ons ervan anderen correct te begrijpen.

Deel Vier houdt in dat we alles wat tot nu toe is geleerd, in de praktijk brengen en deze principes toepassen. Hier ontdek je kleine geheimen en strategieën over hoe je de ware betekenis achter woorden kunt achterhalen, bedrog kunt ontdekken en de geest van iemand anders volledig kunt beheersen.

Het is onnodig om te zeggen dat u begint aan een compleet boek en een uitgebreide bron om een mensenlezer van opsporingsambtenaren te worden.

Om aan een nieuwe reis te beginnen, is het nodig om de motivaties voor de ondernomen actie te begrijpen en waarom bepaald gedrag zich voordoet. Je moet weten waarom het lezen van gedachten noodzakelijk is en anticiperen op eventuele uitdagingen tijdens het proces; waarom vertaalt wat er wordt uitgedrukt niet direct?

Nog niet zo lang geleden betekende communicatie dat je oog in oog zat met een andere persoon, de ogen naar elkaar toe gericht en voldoende tijd had om jullie allebei te spreken en gehoord te worden. In de loop van de tijd zijn de communicatiemethoden echter aanzienlijk veranderd: hoewel nieuwe vormen mondiale interacties mogelijk hebben gemaakt, verminderen ze ook de kwaliteit van interacties doordat multitasking gelijktijdig plaatsvindt met gesprekken tussen u. Dit betekent dat gesprekken hun waarde hebben verloren.

Gebrek aan tijd

Onze tijd staat voortdurend op het spel. Hoewel de huidige technologieën ons enige verlichting bieden – voorgekookte maaltijden kunnen de maaltijdtijd terugbrengen tot slechts enkele seconden per maaltijd en virtuele vergaderingen plannen vaak vergaderingen onderweg om tijd te besparen – is koffie onderweg geworden en verloopt de communicatie vaak rond mentale checklists die we creëren in onze gedachten.

Voorbij zijn de dagen van communicatie op afstand die de interactie beperken

De tijd dat we persoonlijk communiceerden of lange brieven schreven die maanden in beslag konden nemen, zijn al lang voorbij; toen elk woord voor iets telde in de uiteindelijke versie. Tegenwoordig neemt communicatie veel verschillende vormen aan, wat vaak de interactie beperkt.

Tegenwoordig zijn er talloze manieren om met een ander individu te communiceren: e-mails, sms-berichten, interacties op sociale media, spraaknotities, video-oproepen en telefoongesprekken zijn slechts enkele methoden die ons ter beschikking staan voor communicatie. Iemand persoonlijk ontmoeten is grotendeels vervangen door Zoom-vergaderingen of videogesprekken, omdat besproken onderwerpen online zijn verplaatst. Het grootste nadeel is dat deze vormen van digitale gesprekken de algehele dialoogervaring beperken.

Met sms-berichten kunnen we de toon en gezichtsuitdrukkingen van iemand niet nauwkeurig inschatten, dus reageren met antwoorden van één woord kan te wijten zijn aan verveling, onenigheid of afgeleid worden van de communicatie met meerdere andere partijen tegelijk.

Een telefonisch interview beperkt uw vermogen om te begrijpen hoe een recruiter uw antwoorden ontvangt en verwerkt. Omdat er geen interactie is tussen jou en hen, kan het nauwkeurig begrijpen van anderen een steeds grotere uitdaging worden.

Sociale Media Conversationalisten

Anonimiteit kan een ongelooflijke kracht zijn; het stelt je in staat onzichtbaar dominant te worden en tegelijkertijd je stem te laten horen zonder verantwoordelijkheid;

Anderen toegang geven tot ongekende rijkdommen zonder beperking van paspoortcontroles is als vleugels hebben zonder beperkingen over waar of wanneer je vliegt.

De anonimiteit van het typen wordt alleen beperkt door de typsnelheid en zorgt ervoor dat u dingen zegt die u anders nooit rechtstreeks tegen iemand persoonlijk zou zeggen.

Willekeurige gedachten worden meningen, die vervolgens uitmonden in debatten. Je weet nooit of de persoon die kritiek heeft op je kapsel het echt niet leuk vindt, of dat hij of zij zelf gewoon een bad hair day heeft gehad; hun vrijheid van meningsuiting maakt het onmogelijk om te begrijpen hoe mensen denken en specifieke informatie waarnemen.

Mondiale communicatie tussen culturen

We communiceren niet langer uitsluitend binnen onze lokale gemeenschappen, nu bedrijven en relaties grenzen overstijgen. Culturen zijn met elkaar vermengd geraakt naarmate onze manieren van interactie zich over de hele wereld hebben verspreid - wat aan de ene kant als respectvol gedrag werd beschouwd, kan nu aan de andere kant als beledigend worden gezien. Het inschepen zal tijd vergen als we ons aanpassen en deze verschillen met elkaar accepteren, terwijl we leren hoe we over de grenzen heen efficiënter kunnen samenleven en communiceren.

We moeten niet alleen taalbarrières overwinnen, maar vaak kan het ook nodig zijn om te accepteren dat de onverschilligheid van iemand anders voor oogcontact misschien niet te wijten is aan verveling, maar eerder aan respect. In de loop van de tijd moeten we een wederzijds aanvaardbare manier van communiceren tussen culturen ontwikkelen.

Naarmate deze mondiale communicatie steeds meer impact krijgt, worden de effecten ervan thuis het duidelijkst gevoeld; vaak resulterend in verwarring en shock in plaats van het onvermogen van mensen om anderen te begrijpen.

Lang geleden gingen de gesprekken over jagen, familie, kinderen en overleven. Hoewel de gesprekken zich op deze onderwerpen concentreerden, kunnen we nu zoveel meer bespreken: van bankieren en beleggingen tot sport, technologie en zelfs digitalisering, er zijn zoveel onderwerpen en subonderwerpen die uitvoerig besproken zouden kunnen worden.

De interesses zijn nog nooit zo divers geweest; het onderhouden van gesprekken tussen hen kan een uiterst moeilijke uitdaging zijn. Uw gedachten kunnen gemakkelijk afdwalen als u met iemand praat wiens interesses aanzienlijk afwijken van de uwe; dit leidt tot verwarring en verkeerde interpretaties van acties, waardoor het lezen van iemands gedachten nog moeilijker wordt dan voorheen.

Nu onze wereld snel verandert, kan het een uitdaging zijn om gelijke tred te houden met de snelle ontwikkelingen en zinvolle en productieve gesprekken met mensen te voeren. Om dit met succes te doen en ze nauwkeurig te kunnen lezen, is het noodzakelijk om rekening te houden met deze factoren en tegelijkertijd in een gelijk tempo te evolueren.

Hoofdstuk 4: Mis je het grotere geheel?

Wat is er nodig om een geweldige baan te krijgen? mes Als het alleen maar om de school- en universiteitscijfers zou gaan, zouden persoonlijke interviews niet eens nodig zijn. Heeft u ooit een aanbieding ontvangen nadat u simpelweg door LinkedIn-profielen van potentiële sollicitanten had gebladerd en onder de indruk was geraakt van de huidige vacatures? Dat is hoogst onwaarschijnlijk; diploma's geven niet altijd aan of iemand een ideale kandidaat is.

Bedrijven hechten veel waarde aan uw mentaliteit, gewoonten en hoe goed uw gedachten en waarden aansluiten bij die van het bedrijf - een aspect dat ook in het leven wordt doorgevoerd. Bij het kiezen van een levenspartner gaat het bijvoorbeeld niet alleen om het zoeken naar cabaretiers; je zou eerder iemand moeten vinden met wie je een soortgelijk begrip deelt van hoe de wereld werkt via non-verbale middelen zoals het aanraken van handen.

Het is waar dat het leven en de mensen vaak complex kunnen zijn; niemand heeft een eenvoudig antwoord als het gaat om communicatie of sociale relaties. Geen enkel waarschuwingsbord dat ons waarschuwt voor leugens, misbruik of pestgedrag is altijd zichtbaar op hun oppervlak. Onderzoek naar de menselijke natuur heeft tot veel opmerkelijke onthullingen geleid. Er zijn patronen in verbaal en fysiek gedrag die deze waarheden met opmerkelijke nauwkeurigheid onthullen, vaak nauwkeurig bestudeerd door professionals die zich toeleggen op het begrijpen van dit aspect van ons bestaan. Individuen in dergelijke rollen zijn onder meer geheimagenten, psychologen, onderzoekers, adviseurs en juryleden. Hun studie van menselijke patronen stelt hen in staat snel te bepalen of iemand eerlijk is, geheimen verbergt of zich schuldig maakt aan crimineel gedrag - waardoor ze een beter oordeel kunnen vormen om zichzelf en anderen te beschermen tegen potentieel gevaar.

Het is onnodig om te zeggen dat interpersoonlijke communicatievaardigheden tegenwoordig grotendeels worden verwaarloosd in de samenleving. Daarom moeten ze op scholen en hogescholen worden onderwezen, ongeacht het programma dat studenten kiezen; mensen die lezen moeten zich ook niet alleen beperken tot psychologische studies; marketeers, artsen, verpleegsters, advocaten, recruiters, sportmensen - elke professional die met mensen omgaat, zou deze vaardigheid ook moeten leren.

Meesterschap in communicatie en mensenlezen
Lezen is een ondergewaardeerde vaardigheid die vaak niet wordt gewaardeerd, net zoals de relatie met spreken. Niet iedereen denkt op dezelfde manier en spreekt op dezelfde manier - allemaal afhankelijk van opvoeding, omgeving, emoties en persoonlijkheidstypes die van invloed zijn op wat we zeggen - wat betekent dat de ene persoon het ene zegt, maar de ander het totaal anders kan interpreteren; uiteindelijk komt het erop neer dat je mensen nauwkeurig genoeg kunt lezen om nauwkeurig af te leiden wat elkaar bedoelt met wat ze proberen te zeggen

Relaties Volgens Henry Winkler zijn aannames de termieten van relaties - een observatie die niet méér waar kan zijn! Het maakt niet uit om wie het gaat; echtgenoot, ouders, vrienden of broers en zussen: aannames en misverstanden dienen vaak als de belangrijkste katalysator bij het creëren van conflicten in deze relaties; vaak verkeerd geïnterpreteerd als een gebrek aan interesse van hun kant of een poging van de ene broer of zus om een prestatie te delen, die wordt beschouwd als het erin wrijven. Er zijn in ons dagelijks leven talloze momenten waarop iets dat we zeggen volledig uit de context kan worden gehaald of totaal anders verkeerd kan worden geïnterpreteerd door anderen - waardoor we hun bedoelingen in twijfel trekken!

Als ze maar begrepen wat we werkelijk bedoelden, zouden emoties of oprechte grieven niet verkeerd worden geïnterpreteerd als afstandelijkheid en klachten. Te vaak verwachten we dat nauwe relaties subtiele hints, stemmingen, verhulde boodschappen of insinuaties opmerken zonder dat we onszelf direct hoeven te uiten; is communiceren daarom niet zo'n kunstvorm: begrijpen wat anderen bedoelen zonder dat je zelf iets hoeft te zeggen?

Soms kan het een uitdaging zijn om tekens in relaties nauwkeurig te lezen. Begrip, concentratie en een bewuste geest zijn allemaal vereist als we deze signalen nauwkeurig willen interpreteren; eenmaal verworven kan het een enorm verschil maken bij het onderhouden van gezonde relaties. Er woonde een echtpaar naast ons dat geloofde dat haar man trilde elke keer dat hij tegen haar loog; waardoor ze regelmatig ruzie kregen!

Elke keer dat ze hem een lastige vraag stelde, observeerden we allemaal zorgvuldig zijn bovenlip, bedekt door een indrukwekkende snor, en keken hoe deze als reactie daarop begon te trillen. Mijn indruk destijds was: ze wist precies hoe ze moest zien wanneer hij loog! Deze informatie voorspelde niet veel goeds, aangezien ze er vaak over vochten - tot ze jaren later therapie zochten en ontdekten dat het niet trilde omdat hij loog, maar eerder vanwege nervositeit! Dergelijke veronderstellingen veroorzaakten zoveel schade in hun relatie!

Het nauwkeurig lezen van mensen kan u helpen dergelijke aannames te overwinnen, waardoor u relaties beter kunt begrijpen, ongeacht hoe goed iemand zich verbaal uitdrukt.

Carrière

Als u had geweten dat uw baas buiten de werkplek geen problemen ondervond die de afronding van zijn werk op tijd vertraagden, in plaats van alleen maar gefrustreerd te zijn omdat het te laat werd afgeleverd, zou uw aanpak misschien anders zijn geweest: in plaats daarvan morele steun en ruimte bieden. Het voortdurend bekritiseren van vertragingen zou waarschijnlijk een sterkere emotionele band met hem of haar opleveren en deuren openen naar kansen, betere relaties en effectiever teamwerk.

Bij de meeste banen moet je samenwerken in teams om resultaten te boeken, of je nu als arts, leraar of manager werkt. Ongeacht uw specialiteit - van geneeskunde en onderwijs tot managementfuncties - het begrijpen van en goed samenwerken met andere professionals is van cruciaal belang om uw werk efficiënt en naar uw beste vermogen uit te voeren. Leiders in het bijzonder moeten samenwerken met een grote verscheidenheid aan individuen - elk met verschillende talenten, tekortkomingen en reacties wanneer ze worden geconfronteerd met uitdagingen of kritiek - door te begrijpen waarom iemand reageert zoals hij of zij doet, kun je de reacties op de juiste manier afstemmen en optimaal gebruik maken van hun capaciteiten.

Bedrijven investeren tegenwoordig zwaar in het creëren van een plezierige werkomgeving voor hun werknemers, in het besef dat werknemers hun grootste investering zijn en tevreden en gelukkig moeten blijven om op hun maximale capaciteit te kunnen presteren. Incentives worden steeds vaker aangeboden, waarbij de nadruk steeds meer op de tevredenheid van de medewerkers wordt gelegd. Bedrijven moeten de individualiteit van elke werknemer respecteren en tegelijkertijd aan de emotionele behoeften voldoen; Lezen kan bedrijven een effectief instrument bieden om dit te bereiken. Mensen die lezen kunnen werknemers ook helpen werknemers te behouden door een sfeer te creëren die bevorderlijk is voor welzijn en productiviteit.

Sociaal leven

Mensen zijn essentieel voor ons welzijn; ze ondersteunen emotioneel welzijn, basisbehoeften en algeheel mentaal welzijn. Alle mensen willen gehoord en begrepen worden, dus mensen die veilige ruimtes bieden waar anderen dat kunnen doen, trekken vaak de juiste energie aan - stel je voor dat je met iemand spreekt die precies begreep wat je probeerde te zeggen zonder eindeloze uitleg nodig te hebben; je zou die persoon waarschijnlijk op elk mogelijk evenement opzoeken!

Mentale en emotionele gezondheid Het begrijpen van onze eigen gedachten kan al uitdagend genoeg zijn; vaak komen onze reacties voort uit niet-gerelateerde bronnen - gebrek aan slaap kan je chagrijnig of aangeschoten maken, terwijl kleine dingen gemakkelijk onze reacties kunnen veroorzaken zonder dat we beseffen waarom ze dat deden. Emotionele intelligentie speelt een grote rol bij het behouden van zowel ons emotionele als mentale welzijn, door ons te helpen onze eigen emoties te herkennen en te begrijpen; voorlezen voegt nog een niveau van inzicht toe, omdat het ons in staat stelt de bedoelingen van anderen gemakkelijker te ontcijferen, zoals het begrijpen dat een uitbarsting van je partner net zo gemakkelijk kan komen als je twee jaar oud bent en zijn dutje hebt gemist!

Als u mensen begrijpt, kunt u kalm en positief blijven, zelfs in tijden van hevige emoties. Door afstand te nemen van beschimpingen of aanvallen die op u gericht lijken te zijn, maar feitelijk door anderen worden veroorzaakt, kunt u door begrip positief blijven, zelfs in tijden van onrust en moeilijkheden.

Het lezen van mensen kan tijd en oefening vergen, maar het onder de knie krijgen ervan is de moeite waard om sterkere relaties op te bouwen, zowel met andere mensen als met uzelf. Op het werk zal het productiever teamwerk mogelijk maken, terwijl het in uw sociale leven sterkere netwerken van vrienden kan creëren door hen een veilige ruimte te bieden waar ze vrijelijk kunnen begrijpen en communiceren.

Wat weerhoudt ons ervan mensen te begrijpen? Hoewel woord-voor-woord lezen van gedachten voorlopig buiten het bereik van de mogelijkheden blijft, is geen enkele vorm van kunstmatige intelligentie, technologische of medische vooruitgang erin geslaagd de complexe neurale circuits in ons allemaal te ontcijferen – toch weerhoudt iets ons er nog steeds van om gesproken woorden accuraat te begrijpen. taal?

Wat blokkeert u om mensen correct te lezen?

Heeft u moeite met het goed begrijpen van mensen? Dus wat houdt je tegen om correct te ontcijferen wat mensen bedoelen met bepaalde acties en woorden? Het lezen van mensen zou net zo eenvoudig moeten zijn als het begrijpen van gezichtsuitdrukkingen, toon en dialoog van anderen, maar dit gebeurt niet altijd - dezelfde woorden die bij verschillende gelegenheden door dezelfde personen worden gesproken, kunnen totaal verschillende betekenissen hebben!

Iemand kan tegen je zeggen: 'Ik weet wat je bedoelt', maar de toon kan wijzen op complimenten of kritiek.

Soms kan het gemakkelijk zijn om iemands toon op te pikken; andere keren misschien niet. We kunnen om een aantal redenen verkeerd interpreteren wat iemand bedoelt; hier zijn een paar factoren die van invloed zijn op de manier waarop we mensen interpreteren:

Ze te goed of niet goed genoeg kennen: Naarmate uw relatie met iemand sterker wordt, stijgen hun verwachtingen van u dienovereenkomstig. Onze dierbaren verwachten van ons dat we begrijpen wat ze bedoelen, zonder dat we zichzelf hoeven uit te leggen of effectief te communiceren. 'Ogen moeten spreken', wanneer je iemand intiem kent, maar hij/zij vaak verkeerd communiceert als hij/zij niet in de juiste mindset verkeert. Er schuilt altijd meer achter elke blik dan op het eerste gezicht lijkt; soms blijft dat verhaal misschien zelfs onbekend voor je! Wat iemand zegt of bedoelt kan sterk variëren, afhankelijk van zijn persoonlijkheid, omgeving, gedachten en andere dagelijkse invloeden. Het kan moeilijk zijn om precies te weten waarom iemand in een ongelukkige stemming verkeert; kan zijn omdat hun baas hen verdriet bezorgde.

Net als bij het verkeerd interpreteren van woorden en daden van iemand die we niet goed genoeg kennen, kan het niet goed kennen van iemand ook leiden tot verkeerde interpretaties van woorden en daden. Een introverte persoon heeft niets tegen je; het duurt gewoon langer om zich open te stellen dan de meeste anderen. Daarom zal het proberen om iedereen op een gelijk niveau te beoordelen waarschijnlijk op een mislukking uitlopen.

Context over het hoofd zien en focussen op signalen: Het vermijden van oogcontact kan erop duiden dat iemand liegt; maar het kan ook wijzen op desinteresse of een laag zelfbeeld; Een van de ergste fouten die je kunt maken als je mensen probeert te lezen, is het toepassen van wat je leest zonder rekening te houden met de context en alle aspecten in overweging te nemen als je iemand probeert te lezen. Bij het lezen van mensen moet je rekening houden met alle factoren, in plaats van alleen stukjes informatie uit één boek te gebruiken als bewijs tegen één persoon.

Vallen voor de pokerface: Maak bij het lezen van mensen geen aannames uitsluitend gebaseerd op lichaamstaal, woorden of gezichtsuitdrukkingen. Het lezen van mensen omvat het verzamelen van gegevens over individuen voordat deze zorgvuldig worden geanalyseerd om nauwkeurige gissingen over hen te vormen. Ga er bijvoorbeeld niet van uit dat iemand nerveus is alleen maar omdat zijn handpalmen zweterig zijn. Let ook op andere tekenen die wijzen op een soortgelijke nervositeit, zoals friemelen, nerveus kijken als hij hardop spreekt, stotteren als hij spreekt enz... Het zou zomaar kunnen zijn dat hij je draagt te veel lagen en je hebt het te warm van binnen!

U bent zich niet bewust van uw emoties: Het kan zijn dat u zo in beslag wordt genomen door hoe iemand anders zich gedraagt, dat u er niet in slaagt in te schatten hoe u zich voelt op basis van hoe de ander handelt of uw eigen perceptie ervan? Misschien weerhouden je eigen vooroordelen, vooroordelen of begrip ervan je ervan het grote geheel te zien; Om mensen nauwkeurig te kunnen lezen, begint het met zelfbewustzijn en begrip van hoe je mensen waarneemt.

Verwarren van persoonlijkheid of situatie Desfasoealing-gedrag Er zijn twee belangrijke componenten die iemands acties beïnvloeden: hun omgeving en persoonlijkheidskenmerken. Helaas kan het een uitdaging zijn om onderscheid te maken tussen de twee bij de communicatie met vreemden en kennissen, wat leidt tot onjuiste inschattingen van wat mensen proberen te communiceren. Te snel conclusies trekken betekent dat u uzelf voldoende tijd geeft om te begrijpen of de manier waarop iemand reageert te wijten is aan persoonlijke voorkeuren of externe krachten waarmee hij of zij te maken heeft.

Geef toe aan een vorm van bevestiging: wanneer we vooroordelen over iemand vormen en er in onze geest labels mee associëren, dient alles wat ze daarna zeggen of doen om deze beoordelingen van hen te onderbouwen en onze eigen gedachten over hen te bevestigen. Door dit te doen kunnen we echter voorkomen dat we het volledige plaatje zien en ons in plaats daarvan concentreren op wat we als de werkelijkheid beschouwen.

Toegeven aan persoonlijkheidsvooroordelen: Wanneer we iemand aantrekkelijk vinden, creëert onze geest een te positief beeld van die persoon in onze geest. Dit geldt ook voor mensen wier gewoonten, hobby's of keuzes op de onze lijken; onze meningen zijn doorgaans gunstiger over iemand tot wie we ons aangetrokken voelen, vergeleken met iemand anders dan we hadden verwacht, waardoor nauwkeurige beoordelingen over wie die persoon werkelijk is worden belemmerd.

Invloed uit uw verleden: Als iemand u onlangs heeft bedrogen, is de kans groot dat u terughoudender bent om te vertrouwen op wat iemand nu zegt. Onze ervaringen uit het verleden kunnen bepalen hoe we andere mensen beoordelen.

Inflexibiliteit: Als je ergens een sterke mening over hebt en iemand is het daar niet mee eens, kunnen er mentale barrières ontstaan die je ervan weerhouden elkaar volledig en objectief te accepteren en te begrijpen. Als u er bijvoorbeeld de voorkeur aan geeft uw geld verstandig uit te geven en toegewijd bent aan slimme beleggingsstrategieën, kan dit ertoe leiden dat u een negatief oordeel uitspreekt over degenen die geld uitgeven zonder rekening te houden met deze zaken.

Feit is dat we allemaal vooroordelen hebben over wat als acceptabel gedrag van andere mensen wordt beschouwd. Hoewel het prima is om aangetrokken te worden tot of om te gaan met mensen met vergelijkbare ideologieën en denkprocessen, kan het koesteren van sterke oordelen over mensen die niet bij onze ideologieën passen barrières opwerpen tussen het begrijpen van hoe anderen denken en zich gedragen en het volledig begrijpen van hun standpunten en gedragingen. Om anderen echt te begrijpen en hun verschillen te accepteren.

Omgeving, opvoeding en persoonlijkheid spelen allemaal een rol in de manier waarop we communiceren; onze omgeving, opvoeding en persoonlijkheidskenmerken beïnvloeden allemaal onze woorden, gedachten en daden. Persoonlijkheidsexperts hebben specifieke eigenschappen en communicatiemethoden geïdentificeerd die mensen doorgaans gebruiken: Persoonlijk Assertief; Agressief; Passief agressief

* Manipulatief

Naarmate u mensen beter leert kennen, wordt uw vermogen om hun communicatiestijl te identificeren groter. Ook het begrijpen waarom iemand op een bepaalde manier spreekt, neemt toe. Op het eerste gezicht hebben passieve communicatoren de neiging oogcontact te vermijden en het eens te zijn met alles wat u zegt. Als u hun communicatiestijl kunt herkennen, kunt u persoonlijkheidskenmerken en relaties nauwkeuriger beoordelen. Specifieke situaties en relaties vereisen verschillende vormen van dialoog. Communicatiestijlen verschillen afhankelijk van wie er spreekt; u kunt passief-agressieve strategieën gebruiken als u omgaat met mensen die u niet mag, en meer manipulatieve methoden als u met vreemden praat. Als u deze stijlen begrijpt, profiteert u niet alleen van uzelf, maar ook van anderen. Laten we dus dieper duiken om te zien hoe elke communicatiestijl werkt en vergelijkbare stijlen bij andere mensen identificeren.

Assertieve communicatiestijl

Deze communicatiestijl wordt algemeen beschouwd als een van de meest effectieve vormen. Iemand die deze aanpak hanteert, heeft vaste overtuigingen en schuwt het niet om deze te delen; ze spreken duidelijk zonder de overtuigingen van iemand anders te kleineren; verschillende standpunten respecteren en tegelijkertijd hun eigen standpunten vrijelijk uiten; ze vertonen een hoog zelfbeeld terwijl ze tijdens discussies consensus en compromissen zoeken.

Assertieve communicatoren zijn gemakkelijk te herkennen aan het feit dat ze vaak 'ik' gebruiken tijdens het spreken. Ze zouden bijvoorbeeld dingen kunnen zeggen als: "Ik geloof dat we haar standpunten meer moeten steunen" in plaats van het te formuleren als: "Je zou meer inschikkelijk moeten zijn tegenover alle standpunten". Deze individuen hebben ook de neiging om een positieve houding aan de dag te leggen tijdens de communicatie.

Hieronder staan enkele veelbetekenende signalen van iemand met een assertieve communicatiestijl: * Ze uiten zelfverzekerd hun behoeften en verlangens.

* Ze onderhouden oogcontact. * Ze aarzelen niet om nee te zeggen als dat nodig is. * Ze geven iedereen een gelijke kans om hun ideeën bij te dragen.

* Ze gebruiken 'ik'-uitspraken.

Om effectief met een assertieve spreker te kunnen communiceren, moet u hem of haar in staat stellen zijn gedachten vrijelijk te uiten en hem precies te laten verwoorden hoe hij zich voelt, als hij daar de ruimte voor krijgt. Assertieve mensen hebben de neiging om hun standpunten vrijuit te delen als ze deze kans krijgen, waardoor ze gemakkelijker te lezen en te interpreteren zijn dan andere stijlen als je iets verwarrend vindt; stel gewoon uw vragen! Zij geven graag alle antwoorden!

Agressieve communicatiestijl

Mensen die deze communicatiestijl gebruiken, zijn vaak agressief en vijandig. Hun doel in gesprekken is altijd om koste wat het kost te winnen en ze geloven vaak dat hun bijdrage aan gesprekken veel groter is dan die van andere deelnemers. Inhoud en context gaan beide vaak verloren door de manier waarop deze mensen hun boodschappen overbrengen - waarbij agressieve communicatoren vaak een intimiderende en kleinerende toon hanteren tijdens het spreken; Dergelijke individuen kunnen zich harder terugtrekken tegen mensen met een vergelijkbare stijl, waardoor hun interacties behoorlijk lastig te lezen zijn, omdat alles wat ze zeggen verloren gaat in hun strijd om de dominantie van gesprekken.

Hieronder staan enkele veelbetekenende signalen dat iemand een agressieve communicatiestijl heeft: * Ze hebben de neiging om over anderen heen te praten. * Ze wijzen vaak met de vingers. * En ten slotte fronsen ze.

* Deze mensen hebben de neiging anderen te intimideren, kleineren, bekritiseren en bedreigen. Het is ook veeleisend en controlerend.

* Communicators die hun ideeën of gedachten op een agressieve toon uiten, hebben de neiging uitspraken te doen als "omdat ik het zei!" om hun gezag te doen gelden. Het belangrijkste onderscheid tussen een assertieve en agressieve communicator is hun verlangen naar dominantie; een assertieve communicator geeft de voorkeur aan leiden in plaats van geregisseerd te worden. Wanneer u met iemand met een agressieve stijl spreekt, probeer dan de gesprekken gefocust en on-topic te houden; zelfs als gesprekken afdwalen, breng ze dan terug door te beoordelen wat ze zeggen, in plaats van rekening te houden met hun toon wanneer je probeert hun boodschap te begrijpen.

Passieve communicatiestijl

Passieve communicatoren, ook wel onderdanige communicatiestijl genoemd, hebben de neiging zich te concentreren op het behagen van andere mensen door conflicten te vermijden en gesprekken op een minnelijke manier gaande te houden. Ze houden niet van confrontatie en reageren vaak door het ermee eens te zijn of ja te zeggen. In tegenstelling tot wat op het eerste gezicht lijkt, gaan mensen met deze communicatiestijl niet altijd een positieve dialoog aan; hun ineffectieve vermogen om hun standpunten over te brengen kan na verloop van tijd tot veel wrok en negativiteit leiden; Passieve communicatoren vinden het een uitdaging om zich duidelijk uit te drukken, terwijl passieve communicatoren ze zelfs moeilijk leesbaar kunnen maken, omdat we hun gedachten nauwelijks openlijk horen uiten!

Hier zijn enkele tekenen dat een individu zich bezighoudt met passieve communicatie:

* Ze maken zelden oogcontact.

* Hun houding is onvoldoende. * Hun houding is vaak 'go with the flow'.

* Mensen met deze stijl hebben vaak moeite met nee zeggen. Om effectief te communiceren met mensen van deze stijl, kun je het beste veel vragen stellen en hen aanmoedigen hun standpunten te uiten.

Passief-agressieve communicatiestijl

Iedereen heeft zijn eigen grijstint in communicatie; de passief-agressieve communicatiestijl is geen uitzondering. Het is een samensmelting van twee verschillende benaderingen van communicatie en omvat passief gedrag vooraf, waarbij agressie in de coulissen wacht op elk teken van conflict; deze individuen kunnen aardig lijken, maar kunnen onder de oppervlakte aanzienlijke wrok en woede koesteren.

Wrok uit zich vaak in roddels, sarcasme, neerbuigend gedrag of indirecte opmerkingen en opmerkingen die op indirecte wijze frustraties uiten. Mensen met deze communicatiestijl hebben doorgaans te maken met onopgeloste problemen en demonstreren deze indirect door passief-agressieve communicatiestijlen te gebruiken: * Ze gebruiken vaak sarcasme * Hun woorden komen niet overeen met hun daden * Ze hebben moeite om emoties te erkennen

* Hun gezichtsuitdrukkingen komen niet overeen met wat ze zeggen.

Ze kunnen zinnetjes gebruiken als: 'Raak niet boos! Het was maar een grapje!' of: "Wat er ook gebeurt; het kan me niet schelen!" en kunnen vaak passief-agressief of gemeen overkomen bij het communiceren van hun bedoelingen; waardoor dit het moeilijkst te interpreteren is, aangezien het meeste van wat ze zeggen voortkomt uit onopgeloste conflicten en problemen.

Mensen die de manipulatieve communicatiestijl gebruiken Mensen die deze communicatiestijl hanteren, vertrouwen op bedrog en invloed om de uitkomst van gesprekken en de acties van anderen met woorden vorm te geven. Hun spraak kan vaak moeilijk te ontcijferen zijn, omdat elk woord dat ze uiten gemotiveerd lijkt door wat ze hopen te bereiken; hun ware bedoelingen blijven vaak verborgen onder lagen van bedrog of manipulatie; deze mensen kunnen vaak betuttelend overkomen en zullen hun uiterste best doen totdat je het eens bent met wat ze zeggen.

Hier volgen enkele signalen dat u met iemand met een manipulatieve stijl spreekt: * Ze doen doorgaans uitspraken met grote overtuiging. * Ze hebben de neiging niet goed te reageren als ze met tegenstrijdige standpunten worden geconfronteerd. * Ze houden je blik langer vast.

* Ze maken gebruik van handgebaren tijdens het spreken.

Bij het aangaan van een dialoog met deze sprekers moeten geduld en kalmte in gelijke mate worden getoond. Probeer niet emotioneel te reageren door assertief te blijven, maar standvastig in uw overtuigingen; sta niet toe dat hun opvattingen uw eigen mening beïnvloeden, maar wees het er ook niet mee oneens, anders zullen ze zichzelf isoleren.

Communicatieve stijlen onthullen veel over een individu; uiteraard zijn ze afhankelijk van met wie je communiceert; Door goed op deze stijlen te letten, kunt u de antwoorden op de juiste manier afstemmen en meer inzicht krijgen in het beter begrijpen van mensen

Cultuur is het resultaat van het samenkomen van veel verschillende elementen: tradities, folklore, rituelen, taalgebruik, levensstijlkeuzes en overtuigingen - deze dragen allemaal bij aan het vormgeven van de manier waarop we communiceren en elkaar begrijpen. Cultuur bestaat niet alleen geografisch; twee mensen in een relatie ontwikkelen in de loop van de tijd hun eigen cultuur, naarmate hun communicatie, taalgebruik en rituelen deze verder beïnvloeden en vormgeven - net zoals verschillende bedrijven, regio's of allerlei soorten relaties dat ook doen!

Als je iemand probeert te begrijpen, moet je ook inzicht krijgen in zijn of haar cultuur. Weten waar iemand vandaan komt; hun overtuigingen en gewoonten; evenals alle individuele rituelen of gebruiken die deze speciaal maken, is van cruciaal belang bij het ontwikkelen van empathie voor dat individu.

Mensen die gewend zijn aan het volgen van bepaalde regels en gebruiken hebben de neiging om anders met elkaar om te gaan dan mensen met diverse rituelen. Iemand die gewend is vergaderingen bij te wonen waar niemand op tijd arriveert, zal het belang ervan niet zo op prijs stellen, waardoor hij of zij gaat geloven dat zijn gebrek aan vaardigheden op het gebied van tijdmanagement eerder te wijten is aan disciplinekwesties dan aan culturele aanpassing.

Iemand die uit een cultuur komt die wordt gekenmerkt door bepaalde stijlen, talen en vormen van communicatie, zal deze invloeden waarschijnlijk met zich meebrengen wanneer hij communiceert met iemand van buiten zijn eigen cultuur.

Als waarnemer die mensen probeert te lezen, moet je goed letten op hun culturele achtergrond. Houd er rekening mee dat dit niet alleen hun religie en etniciteit omvat, maar ook eventuele aanvullende kleine culturen die zich mogelijk hebben ontwikkeld als gevolg van het behoren tot specifieke gemeenschappen, organisaties of andere invloeden.

Communicatie en culturen zijn onderling afhankelijk. Cultuur ontstaat door interacties tussen individuen die de onderlinge communicatie bevorderen en zo patronen, wetten, regels en rituelen voortbrengen die de samenleving als geheel vormgeven. Onze communicatie vormt de ruggengraat van de cultuur die voortdurend evolueert via mondiale communicatie die een dagelijkse noodzaak is geworden.

Mensen van verschillende culturen en etniciteiten communiceren vaak op verschillende manieren.

Cultuur omvat tegenwoordig veel meer dan alleen maar één manier van zijn en doen; Afhankelijk van met wie een gemeenschap of samenleving sociaal of professioneel omgaat, kunnen er binnen die ruimte verschillende culturen en rituelen bestaan.

Als zodanig wordt het lezen en begrijpen van mensen in gelijke mate zowel gemakkelijker als uitdagender. Om elkaar beter te begrijpen moeten we aannames doorbreken en ruimtes creëren die ruimte bieden voor verschillende overtuigingen, regels en rituelen onder hetzelfde dak. Er kunnen echter specifieke uitdagingen optreden bij het communiceren en begrijpen van mensen uit verschillende culturen, zoals:

Mensen communiceren anders. Onze talen variëren, evenals de woorden en zinnen die we gebruiken. Zelfs uitdrukkingen die zo eenvoudig lijken als 'wat je maar wilt' kunnen in verschillende culturen verschillende interpretaties hebben; Een duim omhoog kan positief of aanstootgevend zijn, afhankelijk van aan wie de duim omhoog is gegeven. Van zitopstellingen tot afstandsverschillen tussen individuen, alles wordt in landen over de hele wereld anders begrepen.

Niet iedereen gaat op dezelfde manier om met conflicten; Sommigen beschouwen het misschien als een middel om tot productieve conclusies te komen, terwijl anderen het als een uitdaging zien. Wanneer u tussen culturen communiceert, moet u gevoelig zijn voor de gevoelens van andere mensen en goed letten op hoe zij reageren op specifieke acties die door u of andere betrokken partijen worden ondernomen.

Respecteer de persoonlijke ruimte. Covid-19 heeft ons misschien gedwongen om sociale afstand te nemen, maar andere culturen accepteren ook geen fysiek contact en nabijheid. Wanneer u mensen nauwkeurig probeert te lezen, wees dan op uw hoede voor deze details en probeer de persoonlijke ruimte van iemand niet te schenden door te dichtbij te komen of uzelf te vroeg binnen te dringen.

Als mensen die in deze enorm gevarieerde wereld leven, zijn we van elkaar afhankelijk voor overleving en vervulling. Om effectief aan deze behoefte tegemoet te komen, is het essentieel dat we rekening houden met elkaars culturele verschillen en beperkingen. Je kunt niet verwachten dat je iemand nauwkeurig kunt lezen zonder eerst te begrijpen wat zijn woorden en daden heeft gevormd; wat iemand zegt kan een weerspiegeling zijn van al zijn of haar levensovertuigingen en ervaringen. Vriendelijkheid tonen kan een grote bijdrage leveren aan het versterken van de banden tussen ons allemaal.

Nadat je een gesprek met een vriend hebt gevoerd, besef je plotseling dat hij of zij niet meer significant reageert en knikt alleen maar mee met wat je zegt, zonder veel eigen inbreng te geven. Op dat moment zou je willen dat je wist hoe je hun stemming nauwkeurig kon lezen - iets dat geduld en begrip vergt; maar zeker haalbaar!

Het lezen van mensen kan de manier waarop je ze benadert veranderen, en omgekeerd. Door de emoties en behoeften van mensen te begrijpen, kunt u op de juiste manier reageren en relaties verdiepen. Communicatiestijlen en -tonen aanpassen om dieper contact te maken met mensen. Maar waar moet je op letten als je mensen probeert te lezen? Begrijpen waarom ze handelen zoals ze doen, kan inzicht verschaffen in de menselijke psychologie; dat is precies wat deze sectie zal behandelen!

Deel twee richt zich op het begrijpen van de menselijke geest door eeuwen van onderzoek, wetenschappelijke bevindingen en een onderzoek van de menselijke natuur. We behandelen verschillende theorieën die verschillende persoonlijkheidstypes en fundamentele menselijke behoeften helpen blootleggen die de denkpatronen en het gedrag van mensen motiveren - kennis die van onschatbare waarde zal blijken in de omgang met verschillende mensen uit alle lagen van de bevolking.

Heeft u erover nagedacht wat mensen motiveert? Heeft u er ooit over nagedacht wat anderen en uzelf motiveert in termen van dagelijkse motivaties en verlangens? Heeft u hun drijfveren bepaald? Heeft u ooit nagedacht over wat u drijft? Wat jouw drijfveer ook drijft, drijft hoogstwaarschijnlijk ook anderen.

Wat drijft jou in het leven?

Het begrijpen van deze vraag van een miljoen dollar kan een dramatisch verschil maken, zowel voor jezelf als voor degenen die het dichtst bij je staan; motivatie is de kracht die alles stevig op zijn plaats houdt.

Uitzoeken wat mensen motiveert is essentieel om ze te begrijpen, maar dit kan moeilijk zijn omdat iedereen anders is. Iemands verleden en heden beïnvloeden hun doelen die hen motiveren om door te gaan met het leven, ondanks de ontberingen die ze onderweg tegenkomen.

Om volledig te begrijpen wat mensen motiveert, is het dus noodzakelijk om ze individueel te leren kennen. Door mensen rechtstreeks te ontmoeten en op een intiem niveau contact te maken, kun je leren over hun ervaringen uit het verleden, de worstelingen die ze hebben overwonnen, belangrijke mensen in hun leven en alle dromen of doelen die ze hopen na te streven in het leven - informatie waarmee je hun persoonlijkheid samenvoegen die hun drijvende kracht in het leven onthult.

Volgens onderzoekers en psychologen worden alle mensen geboren met drie universele behoeften die hen drijven:

1. Onafhankelijkheid -de motivatie om persoonlijke keuzes te maken- staat voorop, terwijl 2. Vaardigheid de motivatie geeft om ergens voor erkend te worden.

3. Behoefte aan verbinding: het verlangen om gewaardeerd te worden door anderen [3]

Wanneer u iemands motivatie voor verandering probeert te begrijpen, moet u daarom goed letten op de onderwerpen die hij of zij in een gesprek ter sprake brengt. Is hun drijvende kracht hun verlangen naar controle over zaken, financiën en andere aspecten van hun leven; of hun verlangen om hogere posities op het werk te bereiken met meer competitieve carrièredoelen; of misschien is het gewoon beschikbaar en aanwezig zijn voor degenen in hun leven: vrienden, collega's of familie?

Door met hen te praten, krijgen we een indicatie van wat hen motiveert. Deze drie basisinstincten kunnen voor motivatie zorgen; Er zijn echter ook andere krachten die de motivatie van individuen stimuleren.

Sommige mensen waarderen roem en macht. Als je mensen met een hoge macht ziet, zoals politici, bedrijfseigenaren of leiders van vakbondsraden, in posities zoals de politiek of het lidmaatschap van de vakbondsraad, worden ze waarschijnlijk gedreven door een hogere stap op hun carrièreladder. Anderen vinden motivatie door leiderschapsrollen op zich te nemen binnen een instelling of land die verandering teweegbrengen via initiatieven die zaken als dienstverlening of facilitair management verbeteren.

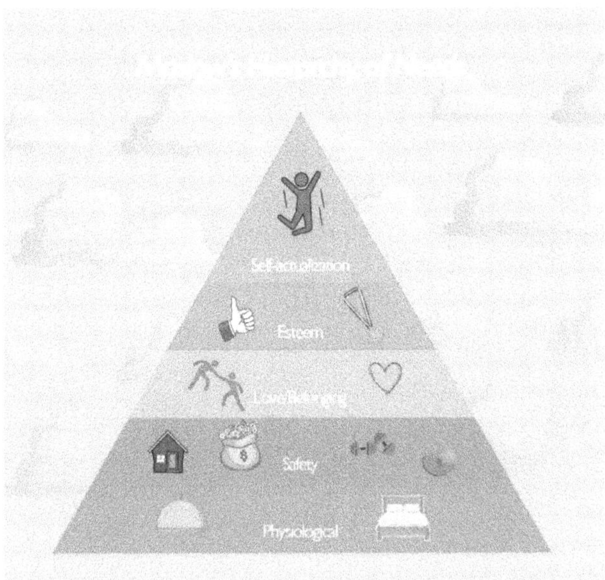

Je kunt deze drive niet alleen zien in hun spraak en daden, maar ook in de manier waarop ze handelen. Om contact te maken met dit soort individuen moet je direct, feitelijk en logisch zijn. Ze waarderen hun tijd zeer; dus ze zullen je respecteren als je ook hun tijd respecteert.

Waar sommige individuen worden gedreven door externe krachten, vinden anderen motivatie in intrinsieke factoren zoals passie. Dit kan inhouden dat je de wereld rondreist of werkt aan iets waar anderen baat bij hebben; de ogen van mensen lichten op als ze onderwerpen bespreken die hun passie opwekken; Vaak offeren ze slaap, vrije tijd of gezondheid op voor grotere doelen.

Zodra je contact maakt met iemand wiens passie hun daden aanstuurt, zou het opbouwen van een emotionele band gemakkelijker moeten worden. Door de invloeden van mensen te begrijpen, is er geen sprake meer van giswerk over de beste manier om ze te begrijpen.

Maslow's hiërarchie van behoeften)
Om de menselijke geest en emoties beter te begrijpen, ontwikkelde Abraham Maslow (een Amerikaanse psycholoog) een hiërarchie van behoeftentheorie die basisbehoeften illustreert als motivatiedrijfveren voor mensen. Deze theorie omvat vijf niveaus in de piramidevoorstelling.

Zodra aan de basisbehoeften is voldaan, concentreert men zich op het voldoen aan aanvullende niveaus totdat de ultieme bevrediging wordt bereikt en het hoogste niveau van hun piramide wordt bereikt.

Maslow geloofde dat mensen gemotiveerd waren om aan hun basisvereisten te voldoen voordat ze overgingen naar complexere vereisten.[4]

Laten we deze vijf hiërarchieniveaus ontleden om een beter begrip te krijgen van wat individuen in het leven motiveert om verder te komen in hun inspanningen.

Niveau I: Fysiologische behoeften van studenten

Deze basisbehoeften zijn essentieel voor het overleven van de mens en omvatten:
* Water >> voedsel.4vetement Kleding en onderdak.
* Rest

Aan de basis van de piramide liggen deze behoeften die leven of dood bepalen. Zelfs als je over sterke relaties en zelfvertrouwen beschikt, zou je bestaan zonder voedsel om te overleven in gevaar zijn. Dat geldt ook voor je relaties, omdat aan je basisbehoeften niet wordt voldaan. Je zult waarschijnlijk andere bronnen zoeken om die leegte op te vullen, zoals proberen een vierkant gat te vullen. met ronde pinnen!

Niveau twee van de behoeftenhiërarchie van Maslow Zodra we hogerop komen op de behoeftenladder van Maslow, worden veiligheid en zekerheid topprioriteiten voor degenen wier fysiologische behoeften al zijn vervuld. Deze behoeften komen voort uit een verlangen naar controle en orde in het leven en omvatten: * Gezondheid en welzijn * Financiële stabiliteit In eerste instantie hebben deze zorgen misschien slechts een beperkte aantrekkingskracht, maar naarmate je hogerop komt in de piramide van Maslow worden ze van het allergrootste belang, bijvoorbeeld voor mensen wier fysiologische behoeften zijn al tevreden

* Bescherming tegen verwondingen en ongevallen. Deze behoeften dwingen individuen ertoe een goede baan te vinden met mogelijkheden voor vooruitgang, een ziektekostenverzekering af te sluiten, bij te dragen aan spaarrekeningen en in veilige buurten te wonen ter bescherming tegen diefstal en geweld.

Maslow beschrijft niveau 3 van zijn hiërarchie als volgt, inclusief behoeften op het gebied van liefde en verbondenheid. Deze sociale behoeften omvatten verbondenheid, acceptatie en liefde; emotionele behoeften die overeenkomen met interpersoonlijke verbindingen en banden zoals romantische relaties, vriendschappen, sociale omstandigheden of gemeenschapsgroepen die deze instincten bevredigen.
* Religieuze organisaties

Je geliefd en gewaardeerd voelen door anderen is de sleutel tot het bestrijden van gevoelens van eenzaamheid, angst, depressie en verdriet. Gehechtheden creëren het gevoel erbij te horen in het leven door een betekenisvol doel te bieden; een emotionele band is van vitaal belang bij het motiveren van menselijk gedrag in dit stadium van de menselijke evolutie.

Naarmate we hogerop komen in de behoeftenhiërarchie van Maslow, worden de eisen ingewikkelder. In dit stadium zijn de behoeften aan waardering de belangrijkste motivatoren bij mensen; het toegeven aan hun verlangen naar respect en bewondering is wat dit allemaal voedt! Mensen besteden meer tijd en inspanningen aan sportactiviteiten, professionele prestaties, academische successen of andere middelen die bijdragen aan het voldoen aan de eisen van eigenwaarde.

Mensen in deze fase willen het gevoel hebben dat ze een betekenisvolle bijdrage leveren aan de samenleving en waardevolle leden zijn. Bereikt geluk betekent tevreden zijn met zichzelf, wat op zijn beurt anderen om hen heen sterker maakt. Positieve invloeden in het leven van anderen worden belangrijke bronnen van validatie om het leven van anderen beter te maken.

Mensen die niet aan dit niveau van behoeften kunnen voldoen, ontwikkelen vaak een minderwaardigheidscomplex en zijn vatbaar voor problemen met een laag zelfbeeld; Als gevolg hiervan geloven ze dat ze niet thuishoren in relaties en dat anderen beter af zouden zijn zonder hen. Dit heeft op zijn beurt een negatief effect op de interpersoonlijke relaties, aangezien deze gevoelens van minderwaardigheid de neiging hebben schade aan te richten en daardoor de interpersoonlijke banden te beschadigen.

Maar zelfs behoeften die op het hoogste niveau liggen, kunnen nog steeds een grote invloed hebben op de algehele kwaliteit van leven.

Niveau 5: Behoeften aan zelfactualisatie
Zodra aan de basisbehoeften van een individu is voldaan, kan hij of zij overgaan tot het voldoen aan de behoeften van zelfactualisatie door zijn innerlijke zelf te verkennen en zijn talenten voor persoonlijke groei in te zetten. Op dit niveau zou je uiteindelijke doel het bereiken van diepe niveaus van vervulling moeten zijn die je hele leven lang zullen aanhouden.

Geen twee mensen hebben hetzelfde idee van hun ideale zelf, dat hun daden beïnvloedt. Sommigen richten zich op het verdienen van meer geld; anderen streven ernaar indruk te maken op creatief gebied of vrijwilligerswerk te doen voor gemeenschapsdiensten; weer anderen zoeken innerlijke vervulling door zelfontwikkeling of iets terug te geven. Iedereen verlangt ernaar deze ultieme bevrediging te bereiken, maar tegenslagen belemmeren vaak de vooruitgang; verschillende individuen gaan hogerop in de piramide voordat ze uiteindelijk dit niveau van vervulling bereiken.

Maslow identificeerde dit hoogste niveau als 'groeibehoeften', terwijl de vier lagere als 'gebrekkige behoeften'. Bij het streven om tekortschietende behoeften te vervullen, kunnen zich aspecten voordoen die leiden tot ontbering op verschillende gebieden, zoals voedseltekorten, financiële spanningen of gevoelens van isolement. Door elk niveau omhoog te gaan in de hiërarchie van behoeften van Maslow, kan ongelukkigheid stap voor stap worden geëlimineerd.

Integendeel, als niet aan je behoeften op niveau vijf wordt voldaan, zullen ze niet leiden tot onmiddellijke problemen op het gebied van voedsel, financiën of veiligheid; ze komen veeleer voort uit uw verlangen om uzelf als individu verder te ontwikkelen en kunnen diepgaande schadelijke gevolgen hebben voor uw geluksniveau.

De theorie van Maslow portretteert zichzelf vaak als een rigide hiërarchie; Velen hebben echter opgemerkt dat de vervulling ervan geen standvastige vooruitgang volgt, gebaseerd op iemands individuele behoeften. Sommigen geven bijvoorbeeld voorrang aan de behoeften aan eigenwaarde boven de behoeften aan liefde en acceptatie, of misschien overschaduwt creatieve prestatie zelfs fundamentele levensbehoeften helemaal; het hangt allemaal af van de prioriteiten van een individu.

Maslow's Theory of Needs biedt vijf kernbehoeften, waaronder gedragsmatige motivatie. Door te begrijpen in welke stap van de piramide een individu valt, kunt u deze beter begrijpen en effectief communiceren.

T wordt wetenschap genoemd omdat het begrijpen van zoiets complex als menselijk gedrag een zorgvuldige analyse van de geest en het gedrag vereist. Door dergelijke onderzoeken te analyseren, beschikt u over hulpmiddelen om u niet alleen in mensen te kunnen inleven, maar ook om op passende wijze te reageren als ze boos, verdrietig, blij lijken of een andere emotie ervaren.

Heb je ooit de theorie van Jung over de vier psychologische functies overwogen. Heb je je ooit afgevraagd waarom sommige mensen zich meer op hun gemak lijken in grote sociale bijeenkomsten, terwijl anderen meer tot bloei komen in kleinere, intieme omgevingen? Heb je je afgevraagd waarom sommigen altijd klaar zijn voor plezier, terwijl anderen verlangen naar een introspectieve avond met een boek bij het haardvuur?

Omdat de bewuste energie en interesses van elk individu in verschillende richtingen stromen op basis van hun persoonlijke psychologische ervaringen en omgevingsinvloeden, werd deze theorie naar voren gebracht door de Zwitserse psychoanalyticus en psycholoog Carl Jung. Volgens hem domineren bepaalde houdingen en functies in de persoonlijkheid als tegengestelde neigingen die het dominante persoonlijkheidstype bepalen; deze richtingen bepalen vervolgens het houdingstype: introversie of extraversie.

Jung merkte op dat dominante attitudes of functies onderdeel worden van het menselijk bewustzijn, terwijl hun tegendeel onbewuste persoonlijkheidskenmerken vertegenwoordigt; Dergelijke neigingen komen vaak naar voren onder stress of door dromen.

Voordat we Jungs theorie van vier psychologische functies onderzoeken, werpen we eerst een korte blik op de twee door hem beschreven persoonlijkheidshoudingen die de basis ervan vormen.

Introversie versus extraversie – de ineenstorting van attitudes
Introversie en extraversie vertegenwoordigen de tegenovergestelde uiteinden van een houdingsspectrum, bepaald door de manier waarop iemand energie uitstraalt. Ook de oriëntatie van een persoon op externe factoren speelt een rol.

Introverte mensen hebben de neiging hun energie aan objecten te onttrekken en ervoor te zorgen dat externe invloeden geen macht op hen uitoefenen; extraverte mensen daarentegen hebben de neiging hun energie uit te breiden in een poging actieve relaties met deze objecten aan te gaan. Per definitie concentreren introverte mensen zich op de innerlijke wereld, terwijl extraverte mensen meer op de externe omgeving gericht zijn - psychologen zijn het tegenwoordig eens met de theorie van Jung dat deze temperamenten genetisch kunnen worden overgedragen.

De theorie van Jung stelt dat we de neiging hebben om op vier verschillende manieren te reageren, gebaseerd op onze overheersende persoonlijkheidshoudingen: denken, sensatie, intuïtie en voelen.

Hij verdeelde deze functies verder in twee verschillende groepen: Rationeel (denken en gevoel) en irrationeel (intuïtie en voelen).

Introversie en extraversie kunnen niet afzonderlijk worden begrepen; ze moeten eerder gezien worden binnen de context van deze vier functies om een volledig beeld te creëren van de persoonlijkheid van een individu. Deze theorie probeert de complexiteit van de menselijke typologie aan te tonen.

De theorie van Jung stelt dat alle vier de functies op verschillende tijdstippen dominant kunnen worden, afhankelijk van externe omstandigheden; toch valt één functie doorgaans op vanwege aangeboren neigingen of ontwikkelingsfactoren – dit is hoe de Jungiaanse theorie deze beschrijft.

Denken: Deze vorm van evaluatie is gebaseerd op logica en conceptuele onderlinge afhankelijkheden tussen objecten om de waarheid of onwaarheid van ervaringen te beoordelen, de werkelijkheid te analyseren door middel van logische interferentie en analyse en om weloverwogen beslissingen te nemen. Het proces omvat systematisch en rationeel denken, omdat het helpt de werkelijkheid te begrijpen door middel van systematisch samenspel en onderzoek.

Sensatie: deze functie vertegenwoordigt de esthetische waarde die aan een ervaring wordt toegekend zonder enige logische evaluatie of redenering; in plaats daarvan worden sensaties zonder aarzeling waargenomen op basis van hoe de dingen verschijnen; elk concept zoals context, betekenissen, implicaties of alternatieve interpretaties valt buiten zijn gezichtsveld en vertegenwoordigt informatie precies zoals deze voor de zintuigen verschijnt.

Intuïtie: De intuïtieve functie is gericht op ons instinct of algemene perceptie van situaties in plaats van op gedetailleerde analyse of logische gevolgtrekking. Intuïtie geeft richting door het begrijpen van omstandigheden, relaties en latente mogelijkheden in situaties, zonder bewijs of bewijs ter ondersteuning ervan. Het toevoegen van betekenis aan gebeurtenissen door het intuïtief inlezen van situaties en het oppikken van patronen die misschien meteen minder opvallen, maakt deel uit van deze functie.

Gevoel: Gevoel is een sentimentele functie waarbij een situatie wordt geëvalueerd op basis van iemands vooroordelen, voorkeuren en antipathieën. Beslissingen worden genomen op basis van ervaringen uit het verleden die gevoelens over soortgelijke situaties beïnvloeden - wat altijd subjectief is.

Jungs theorie van vier psychologische functies plaatst rationele en irrationele functies aan tegenovergestelde uiteinden van het spectrum (dat wil zeggen, gevoel is het tegenovergestelde denken en intuïtie is het tegenovergestelde gevoel), zodat als gevoel je dominante functie is, intuïtie niet tot je secundaire functies zou worden gerekend; het denken en voelen zouden eerder actieve besluitvormers blijven, die onbewust betrokken zijn bij besluitvormingsprocessen.

Een soortgelijke logica is van toepassing op persoonlijkheidskenmerken (introversie en extraversie). Als uw overheersende denkmodus introvert is, is de kans groot dat uw onderbewuste gevoelsmodus extravert zal zijn.

Mensen vinden het vaak een uitdaging om hun secundaire functies effectief te gebruiken, maar door oefening en bewustzijn van je acties kun je deze subliminale vermogens verheffen tot bewuste denkpatronen.

Je kunt mensen lezen door te weten of hun overheersende functies neigen naar introvert of extravert zijn, wat je kunt afleiden uit algemene signalen zoals hun socialiserende voorkeuren, expressiviteit of sociale kring. Zodra deze informatie is vastgesteld, kunt u voorspellen welke functie zij doorgaans gebruiken bij het nemen van beslissingen.

Sinds de jaren zeventig gebruiken psychiaters de persoonlijkheidstheorie van het enneagram om de kenmerken en eigenschappen van individuen te identificeren. Het bestaat uit een negenpuntendiagram waarin elk punt één persoonlijkheidstype vertegenwoordigt dat overeenkomt met hoe mensen denken, voelen en handelen ten opzichte van zichzelf en anderen. Er zijn 27 subtypen binnen elk punt, met drie belangrijke centra die gevoel, actie en gedachte vertegenwoordigen, die allemaal ons gedrag in verschillende omgevingen beïnvloeden en uiteindelijk worden bepaald door onze onderliggende motivaties.

Enneagram probeert mensen te karakteriseren op basis van hun dominante motivaties, angsten en gedragingen om de persoonlijkheid van een individu beter te begrijpen. Bij het lezen van mensen met behulp van Enneagram-analyse bieden de persoonlijkheidstypen diepere inzichten in de sterke en zwakke punten van een persoon, evenals hoe deze zich verhouden tot de samenleving als geheel. Bovendien helpt Enneagram de motivaties te begrijpen achter waarom individuen handelen zoals ze doen.

De Enneagramtheorie stelt dat mensen geboren worden met één dominant persoonlijkheidstype, maar dat dit kan veranderen als gevolg van ervaringen en externe factoren. Externe en aangeboren eigenschappen hebben de neiging elkaar te beïnvloeden; instinctieve persoonlijkheidskenmerken bepalen hoe iemand reageert in stressvolle situaties; wat op zijn beurt hun persoonlijkheid verandert in een angstige of kalme houding.

Dit theoretische systeem benadrukt verder het feit dat mensen niet netjes in één categorie passen; hun persoonlijkheden bestaan in plaats daarvan uit meerdere eigenschappen die basistypen combineren, met enkele extra 'vleugels', ook wel temperamentmodificatoren of vleugels genoemd. Hoewel vleugels enige invloed hebben op het temperament, veranderen ze de dominante persoonlijkheidstypes niet significant; Volgens deze theorie blijven basiskenmerken in de loop van de tijd constant, hoewel specifieke eigenschappen kunnen veranderen als gevolg van externe invloeden zoals gewoonten en gezondheid.

Individuen kunnen verschillende persoonlijkheidskenmerken bezitten, waarbij het dominante type altijd als meest significant voor hen opvalt. Een Enneagramtest kan helpen deze persoonlijkheidskenmerken te identificeren.

Laten we nu eens kijken: wat zijn de negen persoonlijkheidstypen die voorkomen in het enneagram van persoonlijkheid? Laten we ze verder onderzoeken.

Enneagramtype 1 – Principiële hervormers Mensen die tot dit persoonlijkheidstype behoren, worden gedreven door het verlangen om moreel en ethisch rechtvaardig te handelen. Ze waarderen integriteit, principes, zelfbeheersing en perfectie op alle gebieden van het leven. Type Ones hebben de neiging om zowel zichzelf als de mensen om hen heen te accepteren, terwijl ze streven naar zelfbeheersing en uitmuntendheid op alle gebieden van hun leven. Ze hebben de neiging om zowel zichzelf als hun naasten te accepteren, maar kunnen soms intolerant en veroordelend worden wanneer hun onvolkomenheden aan de oppervlakte komen of ervoor zorgen dat ze zich zelf ontoereikend of ontoereikend voelen.

Type Ones bevinden zich doorgaans in het actiecentrum van het Enneagram, hoewel hun actie en controle vaak van binnenuit komen – via principes, discipline en zelfdiscipline. Deze principes dienen als hun leidende kracht en zorgen ervoor dat Ones georganiseerd en kwaliteitsgericht overkomen.

Mensen die tot deze categorie behoren, hebben doorgaans een scherp gevoel voor goed en kwaad, en stellen hoge eisen aan zichzelf en aan de mensen om hen heen. Hun innerlijke dialoog bevat vaak veel 'ik moet'- of 'ik moet'-uitspraken, omdat ze een interne scorekaart tegen zichzelf houden, wat mogelijk kan leiden tot uitbreiding en inkrimping van hun leven.

Van hen is bekend dat ze regelmatig woedeaanvallen ervaren, hoewel ze deze doorgaans onder controle houden. Hun woede manifesteert zich meestal door wrok of irritatie wanneer anderen zich bezighouden met onverantwoordelijk of onethisch gedrag; in extreme gevallen manifesteert het zich in passief-agressief gedrag waarbij hun fysieke starheid toeneemt, terwijl ze ongewoon beleefd worden ondanks dat ze kritisch zijn tegenover anderen en vaak niet ontvankelijk lijken voor kritiek van externe bronnen, waardoor ze op het pad van frustratie en uiteindelijk woede terechtkomen.

Type Ones zijn relatief zeldzaam: volgens een onderzoek onder meer dan 54.000 respondenten bestaat slechts 10% uit Type Ones.[6]

Enneagramtype 2: attente helpers

Type Twee-types hebben een inherent verlangen om zich gekoesterd te voelen door de mensen om hen heen, waarbij ze veel belang hechten aan het cultiveren van betekenisvolle verbindingen en vrijgevigheid, vriendelijkheid en onbaatzuchtigheid. Hun doel is om van de wereld een liefdevolle omgeving te maken door steun en aandacht te geven aan degenen die het dichtst bij hen staan.

Op hun best kunnen Type Twee warme, aanhankelijke en genereuze individuen zijn die bescheidenheid en nederigheid met de wereld delen. Helaas kunnen minder gezonde Tweeën egocentrisch en manipulatief overkomen en alleen maar geven voor een beloning; hun innerlijke stem vertelt hen dat ze alleen de moeite waard zijn als anderen van hen houden en ze nodig hebben, en dit kan hen ertoe aanzetten zichzelf te overbelasten en meer te geven dan nodig is.

De actiepatronen van tweeën worden gedreven door hun verlangen om relaties te ontwikkelen. Daarom steken ze energie en moeite in het smeden van nauwe banden en vriendschappen, waarbij ze mensen aantrekken met genereuze gebaren van lof of complimenten waardoor anderen zich speciaal en gewaardeerd voelen. Tweeën hebben de neiging om net zo snel uitstekende adviesdiensten te verlenen als ze reageren wanneer iemand hulp nodig heeft, of hebben het gevoel dat iemand mogelijk schade kan toebrengen aan degenen om wie ze geven.

De denkprocessen van tweeën worden geleid door overweging en bedachtzaamheid. Ze zijn afgestemd op de behoeften van anderen - zelfs op degenen die zich niet bewust zijn van hun verlangens - waardoor hun gedachten vaak worden verteerd door andere mensen en hoe ze op zinvolle manieren met hen in contact kunnen komen. Als gevolg hiervan kan een aanzienlijk deel van de mentale energie worden besteed aan het proberen verbinding te maken.

Tweeën hebben de neiging er veel plezier in te scheppen zich onmisbaar te voelen, wat zich kan vertalen in trotse eigenwaarde of een overdreven besef van hun eigen belang en uiteindelijk de interpersoonlijke relaties kan ondermijnen.

De gevoelens van tweeën hebben de neiging zich extern te manifesteren als warme en ondersteunende energie. Hun sterke empathie zorgt ervoor dat ze bedreven zijn in het aanvoelen van de emoties van anderen en dienovereenkomstig reageren, en hoewel ze over het algemeen vriendelijk zijn tegenover mensen, kunnen ze soms verrassen met hun verhoogde woede als ze het gevoel hebben dat ze genegeerd of oneerlijk behandeld worden; Tweeën zijn assertief in het beschermen van degenen waar ze om geven als ze het gevoel hebben dat ze oneerlijk worden behandeld en emotionele pijn ervaren als ze worden genegeerd of genegeerd.

Type Twee vormen ongeveer 11 procent van de bevolking, waarbij vrouwen binnen dat percentage vaker voorkomen dan mannen.

Enneagramtype 3 – Competitieve presteerder
Competitieve presteerders worden gemotiveerd door de wens zichzelf te overtreffen en eerdere prestaties te overtreffen met grotere prestaties. Resultaten, erkenning en

efficiëntie worden in hun ogen van het grootste belang, wat hen ertoe brengt hun acties aan te passen aan de omstandigheden om nieuwe prestatieniveaus te bereiken.

Op hun best kunnen deze individuen worden gezien als principiële, hardwerkende en gemotiveerde individuen, die integriteit en hoop over de hele wereld verspreiden. Soms kan hun verlangen naar succes hen echter zo verteren dat het hen wegleidt van belangrijke relaties in het leven, waardoor ze zich bijzonder belangrijk voelen en hun gevoel van eigenwaarde toeneemt door daden in plaats van door woorden.

Doeners hebben de neiging om te handelen met doelgerichte actieplannen. Hun energie en focus zijn gericht op het efficiënt uitvoeren van taken. Velen die tot dit persoonlijkheidstype behoren, kunnen hun persoonlijkheid gemakkelijk aanpassen aan het gedrag, de rol of de verwachtingen die van hen worden verwacht; hun competitieve karakter manifesteert zich vaak tijdens recreatieve activiteiten of op het werk - individuen met dit persoonlijkheidstype hebben de neiging om activiteiten of competities te vinden waardoor ze meer kunnen schitteren, terwijl sociale Drieën de voorkeur geven aan teamcompetities als gelegenheid om leiderschapskwaliteiten binnen groepen te tonen - energiek en zelfverzekerd overkomen op elk gewenst moment.

De denkpatronen van drieën geven hun persoonlijkheid een optimistisch randje. Ze zien mislukkingen als kansen om te leren, in plaats van dat ze hen ervan weerhouden om verder te gaan met hun doelen. Drieën hebben de neiging om de nadruk te leggen op informatie die hun standpunt ondersteunt, terwijl ze anderen negeren. Hun succes ligt in hun vermogen om zich op de juiste dingen te concentreren en berekende beslissingen te nemen; Hun snelle denkproces stelt hen in staat elke situatie snel te begrijpen voordat ze zich met de juiste communicatie- en betrokkenheidsvaardigheden aanpassen om de zaken volgens plan te laten verlopen.

Hun concurrentie komt voort uit hun verlangen om zichzelf met anderen te vergelijken en zichzelf te beoordelen op basis van hoe goed of slecht ze zijn, waarbij ze vaak volledig opgaan in hun werk, totdat het onderdeel wordt van wie ze zijn als individu.

Hun gevoelspatronen stellen hen in staat zich emotioneel los te maken van elke situatie en objectieve, rationele beslissingen te nemen. Hun negatieve emoties – zoals stress, angst en ongerustheid – verteren ze niet, maar toch ervaren ze nog steeds frustratie en woede.

Drieën streven ernaar om waar mogelijk te voorkomen dat ze aan de slechte kant van mensen komen te staan als dit op welke manier dan ook kan bijdragen aan hun succes. Ze zijn zich bewust van hoe mensen op hun houding en daden kunnen reageren; hoewel ze van buiten misschien vriendelijk overkomen, kunnen ze van binnen wantrouwend jegens anderen zijn; hun focus ligt op het projecteren van vertrouwen op anderen, waardoor ze alles onderdrukken wat hun focus hiervan afleidt; Anderen kunnen Drieën door dit gedrag als onbewogen of zelfs serieus beschouwen.

Enneagramtype Drie behoren tot de zeldzaamste persoonlijkheidstypen. Van de 54.000 deelnemers die deelnamen aan een eerder genoemd onderzoek, identificeerde slechts 11% zich met dit persoonlijkheidstype; de meesten identificeerden zichzelf als mannelijk.

Enneagramtype 4 – Intens creatief

Enneagram Type Fours zijn gedreven om hun unieke creativiteit uit te drukken door middel van woorden, werk of welke andere uitlaatklep dan ook - inclusief de taal zelf! Omdat ze individualisme waarderen, hechten ze veel belang aan zelfexpressie en gevoelens.

Romantiek in hart en nieren en bewonderaars van schoonheid, Fours zijn echte creativelingen in de meest ware zin van het woord. Op hun best zijn degenen die tot deze categorie behoren gevoelig en toch tevreden, met een authentieke flair die hen uniek maakt; in het slechtste geval kunnen ze temperamentvol of melancholisch overkomen omdat ze zich bewust zijn van hun gebreken en wonden; hun zelfpraat houdt in dat ze een doel in het leven zoeken door zich op authentieke wijze uit te drukken.

De acties van Fours worden gedreven door hun behoefte om zich te uiten. Ze gedijen door diepgaande ervaringen te delen met degenen voor wie ze zorgen, vaak door hun innerlijke kunstenaar naar boven te halen of door symbolen te gebruiken. Door hun excentrieke persoonlijkheid raken ze vaak gefrustreerd en ontgoocheld als ze vervelende taken uitvoeren die niet aan hun wensen voldoen.

Vieren hebben de neiging uitspraken te gebruiken als 'ik', 'mij' en 'mijn', waarmee persoonlijke ervaringen met een publiek worden gedeeld. Hoewel dit in eerste instantie misschien egocentrisch lijkt, is dit in feite hun manier om contact te maken met anderen en relaties op te bouwen.

Je denkpatronen komen voort uit je behoefte om eventuele gaten in je leven op te vullen, zoals ontbrekende stukjes van jezelf. Ze hebben de neiging om negatieve informatie over zichzelf te internaliseren terwijl ze positieve gegevens negeren – waardoor ze negatieve berichten over zichzelf internaliseren terwijl ze positief nieuws negeren, wat op zijn beurt reacties kan uitlokken wanneer iemand negatieve implicaties over hen suggereert. Hun oordeel wordt vertroebeld door emoties, omdat hun oordeel sterk afhankelijk is van emoties in plaats van logica. Dit resulteert vaak in het nemen van bevooroordeelde beslissingen vanwege deze vooringenomenheid in het oordeel op basis van ervaring of emotionele connecties die de basis vormen voor het nemen van belangrijke beslissingen.

De introspectieve aard van Vieren heeft de neiging hen op een interne weg van gedachten te leiden die soms te diep is voor hun comfort, waardoor ze op negatieve gedachtenpaden terechtkomen die uiteindelijk hun gevoel van eigenwaarde verminderen en ertoe leiden dat ze door andere mensen verkeerd worden begrepen.

De gevoelens van Vieren zijn hun grootste bezit; ze helpen hen zich verbonden te voelen met de wereld en met anderen. Bovendien zijn Vieren zich scherp bewust van de emoties van anderen – vaak meer dan zijzelf! Helaas hebben Vieren de neiging om te lang bij hun emoties stil te staan, waardoor ze diep, intens en humeurig overkomen.

Vieren geloven dat het ervaren van hun emoties – of het nu gaat om verdriet of geluk – hen in staat stelt te ontdekken wie ze werkelijk zijn. Hun emoties fluctueren vaak met veranderingen in de wereld om hen heen, hoewel verdriet, verlangen en verlies doorgaans een zwaardere impact hebben dan geluk en ervoor kunnen zorgen dat ze melancholisch of afstandelijk van de samenleving lijken. Helaas nemen ze de dingen vaak te serieus en hebben ze behoefte aan wat luchthartigheid in hun leven.

Type Vier individuen zijn over het algemeen unieke individuen die zich onderscheiden van de massa door hun individualistische stijl en flair, waardoor ze vaak opvallen in de massa. [7]

Enneagramtype 5: stille onderzoeker

Vijven staan bekend om hun introspectieve karakter, gedreven door een intern verlangen om de waarheid te ontdekken en anderen te begrijpen bij het nemen van beslissingen. Wanneer ze hun omgeving proberen te begrijpen, hechten Vijven grote waarde aan kennis en objectiviteit bij het nemen van beslissingen op basis van objectieve kennis. Vijven geven ook voorrang aan onafhankelijkheid boven al het andere en blijven zich bewust van financiële besparingen, in plaats van anderen om hulp te vragen of anderen om steun te vragen bij het nemen van financiële beslissingen; bovendien respecteren ze de privacy door anderen voldoende ruimte te geven om te leven.

Anderen beschouwen Vijven vaak als wijs en visionair, met niet-gehechtheden die betekenisvolle verbindingen met mensen mogelijk maken. In het ergste geval kunnen Vijven intelligent arrogant overkomen of zich losmaken van hun emoties, omdat ze zich vaak terugtrekken in introspectieve toestanden om te proberen de wereld om hen heen te begrijpen.

Vijven richten hun acties op het genieten van de eenzaamheid en hun eigen gezelschap, waarbij ze veel belang hechten aan 'privacy', hoewel elk individu dit anders kan definiëren. Ze gebruiken de tijd voor zichzelf om hulpbronnen op te laden en grenzen te stellen met anderen terwijl ze onafhankelijk zijn - dit omvat vaak het aanbrengen van veranderingen in routines of de omgeving om de autonomie te behouden zonder afhankelijk te worden. Deze veranderingen kunnen het aannemen van een minimalistische levensstijl of het hamsteren van het ene of het andere uiterste inhouden.

Vijven zijn doorgaans conservatief in de manier waarop zij de beschikbare middelen gebruiken, omdat dit hun onafhankelijkheid kan belemmeren. Ze lijken misschien afstandelijk of ongeïnteresseerd totdat er iets interessants voor hen opduikt. Op dat moment zul je merken dat ze zeer responsief en communicatief zijn en informatie delen met anderen.

Denken vormt de kern van hun wezen, omdat ze er sterk in geloven dat kennis macht is. Hun honger naar kennis drijft hen ertoe informatie diepgaand te onderzoeken; Mocht iets hun interesse wekken, dan zouden ze er alles aan doen om het onder de knie te krijgen en zichzelf te profileren als experts op dat gebied.

De geest is een heilige ruimte waar ze troost kunnen vinden van de rest van het leven. Mensen met dit talent kunnen informatie in verschillende compartimenten in hun hoofd ordenen – of het nu gaat om gebeurtenissen, datums of andere feiten – om de interesse in verschillende onderwerpen te behouden en tegelijkertijd duidelijke grenzen te creëren tussen verschillende aspecten van relaties en het leven.

Hun emotionele toestanden worden sterk beïnvloed door hun hersencapaciteit, omdat ze de neiging hebben hun emoties te begrijpen door te intellectualiseren en erop te vertrouwen dat hun geest ze begrijpt. Helaas maakt dit het moeilijk voor hen om gevoelens en gedachten te scheiden, waardoor ze vaak uitgeput raken na emotioneel geladen gebeurtenissen of projecten met een open einde.

Je kunt uitgeput raken als je voortdurend met persoonlijke hulpbronnen en energie omgaat, maar het vermogen om je los te maken van gevoelens kan je helpen de energie effectiever te beheren. Door zich los te maken, krijgen ze de macht over wanneer ze gevoelens op hun gemak kunnen bekijken of herbeleven, wat verdere emotionele verwerking mogelijk maakt wanneer het hen uitkomt. Hun emotioneel afstandelijk gedrag heeft twee functies: het stelt hen in staat emoties gemakkelijker onder controle te houden en hen te beschermen tegen pijn en pijn; helaas zorgt dit coping-mechanisme er soms voor dat ze koud of afstandelijk lijken ten opzichte van anderen; toch zorgt deze strategie voor een introspectieve en evenwichtige persoonlijkheid.

Type Fives zijn zeldzame persoonlijkheidstypes. Uit een enquête onder 54.000 correspondenten bleek dat gemiddeld slechts 10% van de deelnemers tot dit persoonlijkheidstype behoort, en dat dit vaker voorkomt bij mannen dan bij vrouwen (14% voor mannelijke deelnemers en 7% voor vrouwelijke).

Enneagramtype 6 – Loyale sceptische zessen worden gedreven door een sterk verlangen naar verbondenheid en veiligheid; dit bepaalt hun beslissingen en relaties. Terwijl ze streven naar veiligheid in elke situatie, waarderen zessen mensen die loyaliteit tonen en tegelijkertijd verantwoordelijk zijn; ze tonen vaak moed terwijl ze diep verbonden zijn met zichzelf en geven in ruil daarvoor de mensen om hen heen geschenken van vertrouwen en toewijding. Ongezonde zessen hebben de neiging zich buitensporig veel zorgen te maken, terwijl angst hun verdediging laat zakken, waardoor ze achterdochtig, twijfelend of angstig overkomen.

Hun innerlijke zelfpraat vertelt hen dat de wereld een onveilige en wrede plek kan zijn, dus voorbereid zijn en loyaal zijn aan degenen om wie je geeft, zijn belangrijke ingrediënten om te overleven. Ze streven ernaar niet bang te zijn voor wat hen daar te wachten staat en blijven op hun hoede, altijd op hun hoede voor de wreedheid ervan.

Zessen vertonen doorgaans een van de twee actiepatronen. Ofwel vertonen ze angst- en vermijdingsgedrag om emotioneel overweldigende situaties te vermijden, ofwel proberen ze hun angst frontaal onder ogen te zien door deze onder ogen te zien. De meeste Zessen vallen ergens tussen deze uitersten; hun gedrag zal veranderen afhankelijk van de omstandigheden in hun leven.

Bepaalde mensen die tot dit persoonlijkheidstype behoren, vertonen vaak risicovol gedrag om aan zichzelf en anderen te bewijzen dat ze moedig en onbevreesd zijn, of dat zich nu uit in risicovolle avonturen of verbale daden tegen mensen met contrafobe patronen. Zessen staan erom bekend dat ze ijverig, consistent, met toewijding en consistentie werken, terwijl ze grote waarde hechten aan verantwoordelijkheid, loyaliteit en zich volledig wijden aan elke taak die voorhanden is. Hun bewonderenswaardige werkethiek maakt hen tot waardevolle werknemers, waardoor andere mensen zich op hun gemak voelen bij het overdragen van projecten aan hen.

Zessen hebben de neiging om problemen te vermijden als dat mogelijk is. Wanneer ze echter met een onaangename situatie worden geconfronteerd, motiveren hun denkpatronen hen om bedreigingen en risico's kritisch te analyseren om afgestemd te blijven op hun omgeving en alle mogelijke uitdagingen en problemen te herkennen die zich kunnen voordoen. Hoewel ze het vermogen hebben om hun eigen problemen snel en efficiënt op te lossen, kan hun antwoord soms 'ja, maar' zijn, wat de communicatie tussen alle betrokken partijen bemoeilijkt.

Mensen met dit persoonlijkheidstype zijn zich bewust van hun autoriteit in hun denken. Hoewel ze zich beschermd en gesteund voelen door gezagsdragers, maken ze zich ook zorgen dat ze door anderen in de steek worden gelaten of teleurgesteld. Hun denkproces houdt in dat ze zichzelf interne vragen stellen die dienen als 'interne commissies', waarbij veel onuitgesproken emoties naast voor de hand liggende emoties worden onderzocht.

Hun gevoelens draaien vaak rond angst, terwijl ze zich in hun dagelijkse omgang concentreren op worstcasescenario's, waarbij ze vaak paniek of milde zorgen ervaren; of intensere vormen zoals terreur en angst. Hun emotionele reactie zorgt ervoor dat ze op elk moment snel toegang hebben; maar helaas betekent dit dat ze zorgelijke scenario's in hun hoofd moeten herhalen, zelfs als het goed met hen gaat in het leven; de neiging om positieve emoties buiten beschouwing te laten, terwijl ze in plaats daarvan bij de negatieve blijven stilstaan.

Door diep afgestemd te zijn op hun gevoelens, hebben veel mensen de neiging onbewust hun emoties, hoop, gedachten en angsten te projecteren op degenen die voor hen staan. Hun eigen twijfels en onzekerheden uiten zich vaak in moeilijk gedrag dat problemen voor anderen veroorzaakt.

Mensen met Types Zes persoonlijkheden zijn te herkennen aan hun vermogen om naadloos in elke omgeving te passen en er altijd naar te streven degenen die het dichtst bij hen staan te ondersteunen.

Enneagramtype 7 – Enthousiaste visionair
Mensen die tot persoonlijkheidstype Zeven behoren, zijn buitengewoon enthousiast over het leven, altijd gemotiveerd om het plezier ervan te maximaliseren en tegelijkertijd conflicterende situaties te vermijden. Van nature zijn Sevens vaak optimisten; ze zijn altijd op zoek naar kansen die hen in het leven inspireren en profiteren van deze mogelijkheden

als ze beschikbaar zijn. Ze zien het leven als een avontuur dat hun spontaniteit en waardering voor alles om hen heen stimuleert; hoewel anderen Sevens misschien als kalm ervaren in de "huidige modus", omdat ze plezier beleven aan spontane activiteiten; vanwege deze spontane aard lijken ze misschien ongecompliceerd of zelfs ongericht vanwege hun verlangen naar adrenalinestoot van het leven!

Hun gedrag is gericht op het vinden van manieren om te ontsnappen aan de routine en eentonigheid in hun leven, dus zoeken ze actief naar activiteiten of mensen die opwinding en avontuur toevoegen. Ze zijn nooit bang om nieuwe dingen te proberen en geven soms onafgemaakte taken op voor spannendere ondernemingen.

Zevens streven ernaar actief te blijven en vol vertrouwen vooruit te gaan. Hun energie ligt in het met enthousiasme omarmen van elke uitdaging; die adrenalinestoot die voortkomt uit elke uitbarsting van opwinding zorgt ervoor dat ze sterk blijven. Onder druk kan dit persoonlijkheidstype van plan veranderen of multitasken om taken met succes te voltooien. Hun lichaam kan vaak hun geest te boven gaan als ze nieuwe inspanningen ondernemen - dit betekent dat hun hoge energieniveau vaak verschijnt als constante beweging of drukke lichaamstaal - waardoor anderen de indruk krijgen dat ze rusteloos zijn, maar dit is gewoon hun manier om betrokken te blijven!

De denkpatronen van Sevens worden aangedreven door een actieve geest die moeiteloos de overgang maakt tussen ideeën en verbindingen, waardoor ze worden aangezet om te onderzoeken wat hun interesse wekt en onmiddellijke voldoening schenkt. Daarom omvatten hun denkpatronen een combinatie van snelle mentale verwerking en stimulatie. Zevens hebben de neiging om voldoende keuzemogelijkheden te hebben en houden er niet van zich in welk opzicht dan ook beperkt te voelen; het hebben van opties geeft hen vrijheid; Hun snelle verstand stelt hen in staat kennis op vele terreinen op te doen, wat innovatie en creativiteit aanmoedigt, omdat ze over voldoende gegevens binnen handbereik beschikken waar ze uit kunnen putten.

Ze delen hun ideeën ook graag met anderen, omdat ze zich hierdoor geïnspireerd en betrokken blijven voelen bij het leven. Wanneer er nieuwe informatie binnenkomt, hebben ze de neiging deze snel te begrijpen, terwijl ze gaandeweg nog meer ontdekken.

Zevens hebben de neiging om positieve emotionele landschappen te ervaren die zich manifesteren in energieke en opgewekte persoonlijkheden, waardoor anderen Zevens zien als optimistische, vreugdevolle en enthousiaste individuen. Wanneer ze worden geconfronteerd met negatieve emoties zoals verveling, verdriet, angst of angst, zoeken ze instinctief naar manieren om deze negatieve gevoelens snel om te keren, zodat ze sneller aan ongemak kunnen ontsnappen.

De natuurlijke neiging van zevens tot positieve emoties zorgt er vaak voor dat ze negatieve ervaringen met optimisme bekijken door ze in hun gedachten te beschouwen als leerervaringen of kansen. Helaas maakt deze rationalisatie het moeilijker om verantwoordelijkheid te nemen voor acties als het misgaat; maar aan de positieve kant houdt het hun kijk positief en helpt het een optimistische kijk op het leven te behouden.

Zevens zijn over het algemeen zeer beschermend voor hun persoonlijke ruimte en stellen het niet op prijs als ze worden uitgedaagd over hun capaciteiten. Als je een Zeven uitdaagt, bereid je dan voor op hun toorn. Wanneer ze worden geconfronteerd met ongemakkelijke of zware situaties, werken Sevens onvermoeibaar om de stemming te verlichten met grappen of luchtige uitspraken te doen om de spanningen te verlichten en het evenwicht te herstellen door zich bezig te houden met lachwekkende anekdotes.

Uit het Truity-onderzoek bleek dat 9 procent van de ondervraagde respondenten uit 54.000 deelnemers bestond uit Enneagram Type Sevens.[8]

Enneagram Type 8-Active Challenger Type Achten worden gedreven door hun behoefte om sterk over te komen en het tonen van kwetsbaarheid zoveel mogelijk te vermijden, waardoor ze direct en impactvol kunnen zijn in het omgaan met situaties waarin ze betrokken raken. Ze nemen snel de controle over situaties door controle uit te oefenen. het met directheid. Achten gedijen goed als ze worden uitgedaagd en zijn eerlijk in hun omgang, waarbij ze hun rechtvaardige gevoel voor rechtvaardigheid gebruiken om anderen te beschermen. Op hun best lijken Achten zeer zorgzaam, maar toch sterk en toch benaderbaar. Wanneer Achten handelen in overeenstemming met de werkelijkheid, schenken ze ons allemaal onschuld. In het ergste geval kunnen Achten echter agressief, dominant en wellustig lijken als onderdeel van hun strategie om groter dan het leven te lijken in een vaak wrede wereld. Door situaties te beheersen, denken ze dat ze gemakkelijker om onrechtvaardigheden heen kunnen navigeren.

Achten vormen de kern van het Enneagram. Ze vormen de kern en ondernemen actie op basis van instinct in plaats van helemaal niets te doen, wat zich vaak manifesteert door intense en directe spraak, woordkeuze, lichaamstaal en besluitvormingsstijl. Achten houden ervan de controle over te nemen en dingen op hun eigen voorwaarden te laten gebeuren; hun onafhankelijkheid stelt hen in staat projecten na te streven die zij vervullend vinden.

Samenwerken met anderen is voor Eights niet vanzelfsprekend; ze doen het uit verplichting. Achten zijn er trots op dat ze de controle behouden, waarbij ze vaak zelf de gebeurtenissen op microniveau beheren en uiteindelijk vaak ook anderen op microniveau beheren als dat nodig is. Hun snelle acties komen goed van pas als anderen overweldigd en onhandelbaar worden. Ze komen snel tussenbeide, nemen de leiding en lossen zaken efficiënt op, zonder aarzeling of vertraging.

Micromanaging is misschien niet hun favoriete bezigheid, maar het houdt ze wel in controle over de situatie en genereert resultaten. Daarom doen ze er alles aan om dit doel te bereiken.

Achten tolereren geen incompetentie en zwakte van degenen voor wie zij de verantwoordelijkheid nemen, maar beschermen degenen onder hun rentmeesterschap fel. Wanneer iemand waar ze om geven oneerlijk wordt behandeld, zullen de Achten onvermoeibaar vechten om de gerechtigheid hoog te houden en het onrecht dat hen wordt aangedaan recht te zetten.

Achten hebben de neiging mensen als zwak of sterk te categoriseren en dienovereenkomstig te handelen, waarbij ze vaak meer aandacht besteden aan bepaalde individuen op basis van deze 'alles of niets'-beoordelingsmethode. Achten hebben de neiging eerlijkheid boven dubbelzinnigheid te verkiezen bij het omgaan met conflictsituaties, waarbij ze de voorkeur geven aan waarheid boven buitengesloten blijven, omdat ze zich hierdoor machteloos voelen over de situatie; Door zichzelf uit te rusten met zoveel mogelijk informatie over updates, voortgang of evenementen, kunnen Achten zich efficiënter op het grotere geheel concentreren.

Voor deze mensen is het van cruciaal belang dat ze zich meer op hun eigen motieven concentreren dan op die van anderen; ze stellen het niet op prijs als ze gedwongen worden dingen te doen die ze niet leuk vinden of saai vinden, omdat dit hun energie op inefficiënte wijze verspilt.

Achten hebben complexe emotionele patronen. Ze hebben de neiging snel boos te worden en dienovereenkomstig te reageren, maar nadat ze hun woede snel hebben geuit, gaan ze er snel vanaf. Omdat Achten proberen te voorkomen dat ze zich kwetsbaar voelen, hebben ze de neiging gevoelens van verdriet of zwakte niet openlijk te uiten - in plaats daarvan geven ze er de voorkeur aan deze gevoelens alleen te herkennen als ze veilig zijn - en tonen ze liefde door middel van macht en bescherming als onderdeel van hun identiteit.

Het Truity-onderzoek met 54.000 deelnemers toonde aan dat 15% van de mensen binnen het Enneagramtype Acht valt; deze mensen waren overwegend mannen.

Enneagram type 9: adaptieve vredestichter
Negens hebben de neiging om als bemiddelaar op te treden, gedreven door het verlangen om harmonie in hun omgeving te creëren. Als zodanig streven ze ernaar de mensen om hen heen te accepteren en te accommoderen, terwijl ze prioriteit geven aan het stichten van vrede bij alles wat ze doen - dit stelt hen in staat conflicten waar mogelijk te vermijden.

Het grootste deel van de wereld beschouwt Negens als levendige, ervaren en zelfbewuste individuen die ernaar streven acties te ondernemen die de mensen om hen heen ten goede komen. In het ergste geval kunnen Negens echter koppig, lui of zelfverloochenend overkomen; Dit gebeurt omdat ze met iedereen meegaan om de vrede te bewaren, maar vervolgens de behoeften van anderen belangrijker vinden dan hun eigen behoeften en gevoelens van ongemak creëren voor zichzelf en degenen met wie ze omgaan. Toch trekt hun zelfgenoegzame karakter anderen naar zich toe, terwijl mensen zich ook op hun gemak voelen in hun aanwezigheid.

Negens hebben de neiging actie te ondernemen op basis van hun verlangen om de controle van anderen te vermijden door hun omgeving te manipuleren of zich passief te verzetten als iets niet prettig voelt. Hun daden, of het gebrek daaraan, zullen waarschijnlijk worden gedreven door het handhaven van vrede en harmonie, aangezien ze geen conflicten kunnen tolereren.

Comfort kan worden gevonden door vertrouwde routines en ritmes die zij intrigerend vinden, terwijl dit persoonlijkheidstype ervan geniet betekenisvolle verbindingen te smeden die resulteren in het samensmelten van energieën van mensen die dicht bij hen staan, wat zich vaak manifesteert door de gewoonten of interesses over te nemen van degenen die aanwezig zijn in hun intieme ruimtes. .

De denkpatronen van de Negen lenen zich goed voor gestructureerde processen; daarom geven ze prioriteit aan details en duidelijkheid bij het benaderen van taken of het snel creëren van gewoonten of procedures. Wanneer ze grote hoeveelheden informatie krijgen, zullen Negen deze snel in hun hoofd organiseren in een ordelijke structuur om alles te begrijpen.

Negens hebben de neiging een sterke wil en volharding te hebben, maar hebben de neiging hun mening voor zichzelf te houden, om te voorkomen dat ze aanmatigend overkomen op anderen. Helaas zijn ze hierdoor ontevreden over bepaalde aspecten van hun relaties of leven.

Hun houding kan ontspannen en nuchter overkomen, maar toch ervaren ze intense emoties met grote intensiteit, waardoor inspanning van hun kant nodig is om ze onder controle te houden en vredig, sereen en benaderbaar over te komen. Hun intense emoties motiveren hen om de harmonie tussen mensen te bewaren, omdat ze begrijpen hoe gevoelens het gedrag beïnvloeden.

Hoewel ze uitblinken als vreedzame bemiddelaars in conflictsituaties, hebben Negen de neiging om de directe omgang met negatieve emoties zoals woede te vermijden; Dergelijke verbindingen hebben de neiging om energie van hen weg te zuigen en zij erkennen deze gevoelens ook niet vaak. Daarom proberen ze ze niet te intens te ervaren. Bovendien zijn de meeste Negen empaten die emoties kunnen aanvoelen van degenen die dicht bij hen staan, en vaak energie oppikken die tussen mensen wordt gedeeld als hun omgeving positief en enthousiast is; omgekeerd kan hun humeur, wanneer ze worden geconfronteerd met verdrietige of angstige personen, ook dramatisch afnemen.

Leerlingen uit de negende klas vormen 13% van de respondenten in het Truity-onderzoek; waarvan de meeste vrouwen zijn.

De negen persoonlijkheidstypes die op het Enneagramwiel worden weergegeven, kunnen worden onderverdeeld in Hart-, Hoofd- en Lichaamstypes. Harttypen bestaan uit de typen twee tot en met vier die afhankelijk zijn van emotionele intelligentie voor navigatie door het leven en verbinding maken met mensen om hen heen; Hoofdtypen omvatten de typen vijf tot en met zeven die afhankelijk zijn van de intellectuele verwerking van situaties; Terwijl lichaamstypes één tot en met negen instincten en onderbuikgevoelens gebruiken bij het reageren op situaties.

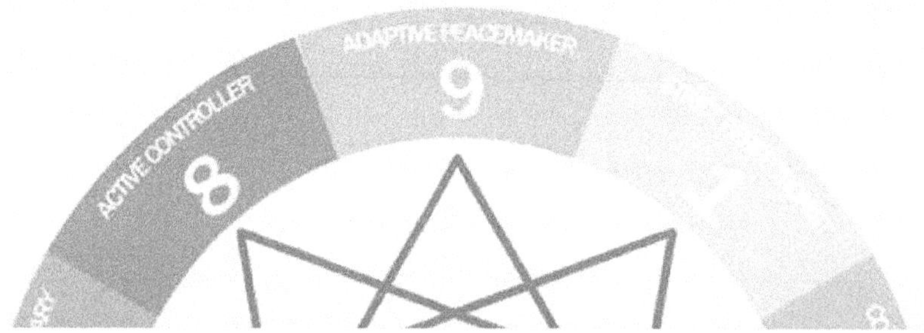

Onderzoekers door de geschiedenis heen hebben verschillende methoden onderzocht om de menselijke persoonlijkheid te begrijpen. Eén zo'n test, bekend als de Big Five Personality Test (OCEAN), maakt gebruik van Big Five Factor Markers afgeleid van Goldberg's International Personality Item Pool, geïntroduceerd in 1992 als een factoranalysemethode om statistische reacties van groepen te onderzoeken door de volgende vraag te beantwoorden: wat is een ideale manier van het samenvatten van iemands persoonlijkheid?"[9]

Hoewel persoonlijkheidsvariabelen niet kunnen worden gekwantificeerd, categoriseren de antwoorden individuen in vijf brede groepen op basis van hun dominante eigenschappen: (O-Openheid C-Consciëntieusheid D-Extroversie E-Extroversie A-Vriendelijkheid

N - Neuroticisme Door deze persoonlijkheidstypes te begrijpen, kunt u mensen beter begrijpen door hun behoeften te begrijpen, betekenisvolle verbindingen op te bouwen via gemeenschappelijke interesses en uw gedrag daarop af te stemmen.

Een interessante factor hier is dat deze persoonlijkheden het product kunnen zijn van zowel natuur als opvoeding. Ouders kunnen ze doorgeven, of individuen kunnen ze ontwikkelen op basis van de manier waarop ze zijn opgevoed.

Laten we dieper ingaan op deze persoonlijkheidskenmerken en beoordelen of natuur of opvoeding een grotere invloed heeft.

Openheid Deze persoonlijkheidskenmerk staat bekend als het verwelkomen van nieuwe kennis en ervaringen. Mensen die hoger op deze schaal worden beoordeeld, zijn doorgaans inzichtrijk en fantasierijk en hebben veel interesses die sterk uiteenlopen; innovatie en nieuwsgierigheid spelen daarin eveneens een prominente rol; aan de andere kant kunnen degenen die lager op de ranglijst staan, voorzichtiger en consistenter zijn en worstelen met abstracte denkprocessen. Als je op een schaal als deze de mate van openheid van iemand wilt meten, stel dan de volgende vragen: Houd je van avontuur?

Gaat uw fantasie de vrije loop? Ben jij al eerder degene geweest die nieuwe activiteiten initieerde?

Bent u voorbereid op nieuwe uitdagingen?

Als u op al deze vragen 'ja' antwoordt, duidt dit op een hoog niveau van openheid. Mensen met zo'n hoge mate van openheid houden ervan om uitgedaagd te worden in het leven en zoeken naar creatieve uitlaatkleppen waarmee ze zich creatief kunnen uiten. 57% van de individuen bezit erfelijk deze eigenschap van openheid.

Consciëntieusheid
Algemene kenmerken van dit persoonlijkheidskenmerk zijn onder meer doelgericht gedrag, bedachtzaamheid en goede impulsbeheersing. Gewetensvolle mensen zijn doorgaans goede planners en denken vooruit bij het nemen van levensbeslissingen;

bovendien zijn ze zich zeer bewust van de impact van hun acties op anderen en van de deadlines die mogelijk moeten worden gehaald.

Mensen die hoog scoren op de schaal van consciëntieusheid zijn over het algemeen attent, georganiseerd en efficiënt in hun benadering van taken en details. Mensen die lager scoren, zijn meestal relaxed en ontspannen. Hier zijn een paar vragen die u zullen helpen beoordelen waar iemand staat op het gebied van consciëntieusheid:

Ben jij er trots op dat je zelfdiscipline hebt?

Bent u georganiseerd en voorbereid op wat er ook mag gebeuren? Of zou u liever spontaan zijn? Vind jij het leuk om je aan een schema te houden, taken snel te prioriteren en onmiddellijk aandacht te besteden aan details?

Als u deze vragen met 'ja' beantwoordt, duidt dit op een hoog niveau van consciëntieusheid binnen een individu, zoals blijkt uit de organisatie en orde in het leven en relaties. Consciëntieusheid heeft voor 49% een erfelijke invloed.

Extraverte eigenschappen kunnen worden geïdentificeerd aan de hand van kenmerken als gezelligheid, assertiviteit, opwinding, emotionele expressiviteit en spraakzaamheid. Mensen die dit persoonlijkheidskenmerk vertonen, zijn vaak extravert en gedijen goed bij deelname aan sociale bijeenkomsten.

Mensen die hoog scoren op de extraverte schaal gedijen doordat ze in het middelpunt van de belangstelling staan en graag onder de mensen zijn. Daarentegen vinden mensen die laag scoren (introverte mensen) sociale interacties uitputtend en genieten ze meer van eenzaamheid dan van het gezelschap van anderen.

Om extraversie bij iemand te begrijpen, stelt u de volgende vragen: 8.5 Heeft u moeite om in het middelpunt van de belangstelling te staan tijdens bijeenkomsten of om in een sociale omgeving een gesprek te beginnen? Ontmoet jij graag nieuwe mensen en heb je een grote kennissen- of vriendenkring?

Heeft u de neiging dingen uit te spreken voordat u erover nadenkt?

Als ze het eens zijn met deze vragen, scoren ze hoog op de extraversieschaal. Als je in de buurt bent van mensen die lager scoren op deze schaal, probeer ze dan niet te dwingen extravert te worden door overmatig praten aan te moedigen of ze naar sociale bijeenkomsten te dwingen; mensen met introverte persoonlijkheidskenmerken hebben de neiging dichter bij die en plaatsen te blijven die emotionele voeding en troost bieden.

Extraverte eigenschappen hebben voor 54% erfelijke invloed.

Aangenaamheid
Deze persoonlijkheidsdimensie omvat eigenschappen als vriendelijkheid, vertrouwen, genegenheid, altruïsme en andere prosociale kenmerken. Individuen met een hoge mate van vriendelijkheid zijn over het algemeen medelevend, vriendelijk en coöperatief, terwijl

degenen met een lage score op deze eigenschap afstandelijk, analytisch of competitief kunnen worden en soms zelfs tot manipulatief gedrag kunnen overgaan.

Vraag individuen om vast te stellen waar ze staan op de schaal van vriendelijkheid: vertrouwen ze gemakkelijk en geven ze gemakkelijk tweede kansen aan anderen, zijn ze empathisch, houden ze ervan om anderen op hun gemak te stellen, enz.

Heb jij een passie voor het bieden van hulp aan mensen in nood?

Een bevestigend antwoord op deze vragen duidt op een hoge rang op de aanvaardbaarheidsschaal. Individuen die laag scoren op deze schaal ervaren empathie vaak niet van nature en moeten bewuste inspanningen en gedragsveranderingen doorvoeren om zichzelf in de schoenen van anderen te verplaatsen en dienovereenkomstig te reageren; 42% van de erfelijke factoren spelen een rol bij aanvaardbaarheidskenmerken.

Neuroticisme Aan deze persoonlijkheidsdimensie worden eigenschappen toegeschreven als humeurigheid, emotionele instabiliteit en verdriet. Neuroticisme verwijst naar hoe iemand met zijn emoties omgaat; mensen die hoog scoren op deze schaal zijn doorgaans gevoelig, snel prikkelbaar en vatbaar voor stemmingswisselingen; aan de andere kant zijn degenen die lager scoren vaak emotioneel veilig, veilig en veerkrachtig.

Door deze vragen te stellen, is het mogelijk om te beoordelen waar iemand staat op de schaal van neuroticisme: (Zorgwekkend? Gemakkelijke stress? Terugkerende stemmingswisselingen)

Vind jij het lastig om met stressvolle situaties om te gaan?

Als u deze vragen bevestigend beantwoordt, duidt dit op een hoog neuroticisme bij een persoon. Het kennen van hun triggers en kalmeerders zal nuttig zijn om hun humeur onder controle te houden.

Neuroticisme heeft voor 48% een erfelijke component.

Het begrijpen van deze kenmerken en hoe ze mensen beïnvloeden, is de sleutel tot betere communicatie en het bepalen van de beste manier om met iemand voor je om te gaan.

De temperamenttheorie van Dr. David Keirsey

Dr. David Keirsey, een onderwijskundige en psycholoog, introduceerde de Keirsey Temperament Sorter die individuen in vier temperamentgroepen categoriseert op basis van activiteitenpatronen, communicatiegewoonten, karakterhoudingen, talenten en waarden - rekening houdend met de impact van elke persoon op de werkplek in relatie tot persoonlijke behoeften .

Dr. David Kersey stelt dat de menselijke persoonlijkheid kan worden onderverdeeld in vier brede groepen, gebaseerd op temperament. Elk temperament omvat zijn eigen reeks sterke en zwakke punten en kwaliteiten die de kenmerken ervan karakteriseren. Deze vier temperamenten omvatten:

Ambachtslieden Deze mensen zijn gemakkelijk te onderscheiden van anderen door hun expertise op creatieve terreinen als kunst, literatuur en poëzie. Hun acties dienen als uitdrukking van hun kunstenaarschap, terwijl hun gevoel voor avontuur hen ertoe aanzet risico's te nemen of soms spontaan te zijn.

Bewakers nemen een essentiële positie in binnen de samenleving door samen te werken met de mensen om hen heen en door regels te volgen die door traditionele culturen worden omarmd. Hun toewijding zorgt ervoor dat de orde intact blijft; zij vormen 40 tot 45% van de bevolking.

Idealistisch Mensen die zich richten op zelfgroei en verbetering behoren waarschijnlijk tot de Idealistische temperamentgroep, met een sterk gevoel van loyaliteit jegens anderen, gemotiveerd om acties te ondernemen die anderen helpen, en actief stappen te ondernemen die de samenleving als geheel ten goede komen. Tussen 15-20% van de bevolking behoort tot deze temperamentcategorie.

Rationals, bekend om hun pragmatische en logische denkstijlen, behoren tot de zeldzaamste persoonlijkheidstypes en staan bekend om hun probleemoplossende expertise. Als iets echter eenmaal tot hun verbeelding spreekt, kunnen ze er zo in opgaan dat ze zich losmaken van de werkelijkheid, zodat anderen ze als vreemd of afstandelijk ervaren.
Slechts 5-10% van de bevolking valt in de Rationals-temperamentgroep. Loopbaanadviseurs maken vaak gebruik van Keirsey Temperament Sorter omdat het mensen helpt zichzelf beter te begrijpen en hen op het juiste carrièrepad te leiden.
Al deze theorieën zijn erop gericht de menselijke natuur te begrijpen, wat individuen motiveert en hun reactie op bepaalde situaties. Dankzij de kennis die onderzoekers in de afgelopen tientallen jaren hebben verzameld, zijn we beter in staat mensen te lezen en verbindingen tussen ons allemaal te smeden.

Zoals de meeste mensen denken, staat luisteren niet gelijk aan horen. Mensen gaan gewoonlijk een gesprek aan in de hoop gehoord te worden, of in de hoop helemaal niet gehoord te worden. Dit laatste geval leidt er vaak toe dat we minder aandacht besteden aan wat de ander zegt dan de bedoeling was, waarbij beide partijen ervaren dat ons gebrek aan interesse door anderen wordt gevoeld. beide kanten.

Aandachtig luisteren kan een game-changer zijn in gesprekken en uw vermogen om mensen te begrijpen. Gewoon aandacht besteden aan wat mensen daadwerkelijk zeggen, kan alles veranderen: het is niet nodig om te raden hoe iemand denkt; luister gewoon aandachtig als iemand iets zegt als je een kijkje in iemands hoofd wilt nemen; let in plaats daarvan meer op als iemand spreekt; velen verbergen hun gedachten en meningen niet achter stalen muren, maar geven er de voorkeur aan open te zijn over wie ze zijn en zijn niet bang om je binnen te laten als je maar aandachtig genoeg luistert!

U zult niet de behoefte voelen om iemands gedachten te lezen als u hun bedoelingen tijdens het spreken nauwkeurig kunt interpreteren.

Carl Rogers en Richard Farson maakten de term 'actief luisteren' voor het eerst populair in 1957, en de definitie ervan werd in de loop van de tijd algemeen erkend. Actief en passief luisteren zijn twee vormen van luisteren. Voor de beste luisterresultaten moet u prioriteit geven aan actief luisteren. Om je echt op iemand te concentreren, moet je voorrang geven aan actief luisteren boven passief.

Actief luisteren vereist mentale aanwezigheid, geduld en het vermogen om te horen zonder het gevoel te hebben dat je iets moet zeggen. Concentreer u op het begrijpen van wat de ander communiceert, terwijl u weerstand biedt aan de drang om te onderbreken. Elke keer dat je het gevoel hebt dat je iets beters toe te voegen hebt, besluit je te wachten. Elke keer dat we spreken, missen we een kans op groei. Door iemand een veilige ruimte te geven om zich te uiten, kun je waardevolle inzichten verwerven. Laat iemand anders je hand vasthouden terwijl hij of zij je op een intieme rondleiding door zijn of haar geest leidt!

Gissen en tussen de regels lezen is niet nodig! Laat de ander gewoon praten zonder onderbrekingen of oordelen - zo ontdek je meer over hem of haar dan met welke andere strategie dan ook!

Mensen praten graag over zichzelf! Profiteer van deze natuurlijke neiging door oprechte interesse te tonen en indringende vragen te stellen om al die informatie over zichzelf bloot te leggen die ze zouden kunnen onthullen.

Gebruik lichaamstaal ter ondersteuning
Praten met iemand wiens ogen achter je schouder op niets gericht zijn, is niet prettig en ook niet bemoedigend, dus zorg ervoor dat je lichaamstaal je interesse weerspiegelt

tijdens het communiceren. Draai je naar hen toe, glimlach regelmatig en knik regelmatig terwijl je oogcontact houdt. Kijk niet verveeld of ongeïnteresseerd, want dit zal snel duidelijk worden en wees respectloos tegenover hen naarmate je meer over hun identiteit te weten komt.

Het verminderen van afleidingen

Het is essentieel dat uw geest vrij blijft van afleiding. Terwijl iemand anders aan het woord is, weersta dan de drang om tijdens dat gesprek mentale lijstjes te maken of op e-mails te reageren; aanwezig zijn. Alles wat afleiding veroorzaakt, moet worden verwijderd: plaats uw telefoon uit de directe gezichtslijn, zodat u niet in de verleiding komt om hem op te pakken of de meldingen te bekijken telkens wanneer hij overgaat!

Knik bemoedigd en reageer op hun verhalen

Zorg ervoor dat u bemoedigend knikt, naar voren leunt en gepast reageert als u verhalen hoort, zodat u duidelijk maakt dat u diep betrokken bent, maar overdrijf het niet om krachtig over te komen. Er zijn verschillende manieren waarop je kunt laten zien dat je luistert; hier zijn een paar:

* Reageer met je lichaam. Als u bijvoorbeeld uw ogen wijder opent of uw vuisten aanspant, kan dit een aanwijzing zijn dat er iets mis is - of het nu om shock, verrassing, teleurstelling of opwinding gaat.

* Herhaal hun verklaring. Als ze je bijvoorbeeld vertellen dat ze wortelen verkiezen boven andere groenten in het algemeen, en je antwoordt met iets als: 'Bedoel je dat je van alle groenten op aarde de voorkeur geeft aan wortels?' Om te laten zien dat je oplet, herhaal je wat hij of zij zei hardop, zodat de ander weet dat je zijn of haar punt hebt gehoord en begrepen. Dit toont uw interesse en laat zien dat u om hen geeft.

* Vraag hen om zichzelf te herhalen. Hoewel dit misschien onbeleefd overkomt, toon je daarmee je respect voor elk woord dat ze delen en zorg je ervoor dat je niets belangrijks mist.

Door simpelweg te luisteren, kunt u veel meer kennis over mensen opdoen dan welke andere benadering dan ook. Als we luisteren wanneer iemand spreekt en relevante vragen stellen, kunnen we zoveel meer leren dan anders! Toon oprechte interesse in anderen en zij zullen hun hersenspellen voor je openen om te verkennen!

Ben je ooit op een date geweest en heb je nagedacht over wat de ander dacht of voelde? Idealiter zouden er borden zijn die ons de voortgang van de bijeenkomst laten weten. Nou... dat is er! Lichaamstaal is een onbewust middel om over te brengen hoe iemand zich voelt; om de signalen correct te interpreteren. Soms komen deze onbewuste signalen onbewust aan het licht. UCLA-onderzoek[12] illustreert dit punt; slechts 7% van de communicatie vindt plaats via wat we zeggen (dat wil zeggen woorden), 38% via toon en 55% via lichaamstaal. Het leren interpreteren van deze 55% kan een voorsprong geven bij het begrijpen van mensen.

Dus de volgende keer dat je op date gaat of een sociale bijeenkomst bijwoont, let dan op deze subtiele aanwijzingen:

* Lachende ogen: Ze zeggen dat ogen het venster naar onze ziel zijn; dat is zeker waar! Wanneer mensen gelukkig zijn, kan hun glimlach vaak ontsnappen ondanks pogingen om deze te verbergen, totdat uiteindelijk hun huid rond hun ogen rimpelt, waardoor kraaienpootjes ontstaan - waardoor de aanwezigheid ervan wordt onthuld! Soms glimlachen mensen alleen maar uit beleefdheid of om ware gevoelens te verbergen. Als je dus wilt weten of iemand oprecht lacht, let dan gewoon op zijn of haar ogen!

*Gekruiste benen en armen: Het kruisen van de benen en armen vormt een fysieke barrière tegen degenen die voor hen staan en duidt op weerstand, zelfs als hun woorden of glimlach anders aangeven. Psychologische interpretatie suggereert dat deze lichaamstaal aangeeft dat iemand emotioneel, psychologisch of fysiek verwijderd is van wat er voor hem ligt.

* Opgetrokken wenkbrauwen: wanneer iemand zijn wenkbrauwen optrekt, kan dit duiden op zorgen, angst of verrassing. Het is moeilijk om dit in een informeel gesprek te doen; probeer ze eens groot te brengen onder het genot van een kopje koffie met je vrienden en je zult meteen het verschil merken.

* Lichaamstaal spiegelen: Bent u ooit iemand tegengekomen die uw lichaamstaal spiegelt door zijn hoofd op dezelfde manier te kantelen of zijn benen los te laten op precies hetzelfde moment als u? Dit laat zien dat ze geïnteresseerd zijn in wat je zegt en je onbewust, uit respect, kopiëren; Mocht dit op een date gebeuren, dan kan dit van onschatbare waarde zijn!

* Opeengeklemde kaken: Wanneer men zich in conflict- of dispuutsituaties bevindt, is een kenmerk dat snel duidelijk wordt iemands opeengeklemde kaak, gefronste voorhoofd of verstrakte nek - omdat zich ongemakkelijk voelen fysieke spanning in het lichaam teweegbrengt die zich manifesteert in stresssignalen die deze reactie veroorzaken.

* Overdreven knikken: Als iemand reageert door herhaaldelijk te knikken als reactie op wat u zegt, betekent dit niet dat hij of zij het eens is met wat er wordt gezegd. Het toont eerder bezorgdheid namens hem of haar aan en zijn verlangen om u een plezier te doen door dienovereenkomstig te knikken.

Ook al kun je iemands gedachten niet rechtstreeks lezen, je kunt nog steeds hun lichaamstaal observeren en hun ware gevoelens interpreteren. Het leren kennen van de psychologie van mensen is een levenslange leerreis die alleen maar beter wordt met ervaring. Door de motivaties achter hun daden te ontsluiten en deze te correleren met persoonlijkheidskenmerken, krijgen we diepere inzichten in hoe onze geest werkt en hoe je deze kunt ontwarren.

Heeft u er ooit over nagedacht hoe uw bijdragen een gesprek beïnvloeden? Om mensen te begrijpen, moet je niet alleen kijken naar wat anderen doen, maar ook naar de acties zelf. Communicatie is tweerichtingsverkeer; Om op de juiste manier te werk te gaan, moet u uw steentje bijdragen door te begrijpen en u aan te passen aan wat de andere partij met u communiceert.

Niemand kan mensen accuraat lezen als je vol zit met vooroordelen en overtuigingen die je ervan weerhouden het volledige plaatje te zien. Voordat u anderen gaat observeren, is het noodzakelijk om een diepgaande kennis van uzelf te verwerven: hoe u handelt, denkt en mensen waarneemt.

In dit gedeelte worden uw interne overtuigingen onderzocht om vast te stellen of eventuele vooroordelen, vooroordelen of een beperkt begrip van de menselijke natuur de communicatie of percepties van anderen belemmeren.

Weet je nog dat Donald Trump tweette: "Ik ben een zeer stabiel genie"? Zijn reactie lokte kritiek uit van cabaretiers en journalisten vanwege een gebrek aan zelfbewustzijn, maar toch falen de meeste mensen op dit gebied, wat vaak leidt tot problemen om anderen te begrijpen. Hoewel het in eerste instantie misschien verwarrend klinkt: 'ieder mens is je spiegel', dus om een ander individu volledig te begrijpen, moet je eerst jezelf volledig begrijpen! Dit is iets waar de meeste mensen zich niet van bewust zijn!

Dit brengt ons bij onze volgende vraag (dat wil zeggen: hoe kun je jezelf kennen). Welnu, het is een uitgebreid proces waarbij je brutaal eerlijk tegen jezelf moet zijn. Soms klinkt dit misschien gemakkelijk of gemakkelijk, maar soms wordt deze uitdaging de grootste van je hele leven! Soms lijken onze woede of emotionele uitbarstingen bijvoorbeeld gerechtvaardigd omdat andere mensen ze hebben uitgelokt; toch is het onze verantwoordelijkheid als individu om onze reacties onder controle te houden in plaats van ze de schuld te geven.

Blinde vlekken worden gedefinieerd als eigenschappen die zichtbaar zijn voor anderen, maar onzichtbaar voor onszelf. Een psycholoog genaamd Simine Vazire voerde een experiment uit om deze theorie te testen. Hij vroeg de deelnemers zichzelf en vier vrienden te beoordelen op verschillende eigenschappen, zoals intelligentie, emotionele stabiliteit, assertiviteit en creativiteit, om te zien wie nauwkeuriger kon voorspellen wie de persoonlijkheid en eigenschappen van elke persoon beter voorspelde: zichzelf of hun vrienden. Het doel was om vast te stellen welke persoonlijkheid nauwkeuriger voorspelde.

Uit de resultaten bleek dat mensen zich meer bewust waren van hun eigen emotionele stabiliteit in vergelijking met die van hun vrienden, zoals wanneer ze in het openbaar spraken of hoe gestresseerd ze overkwamen wanneer ze hun mening uitten in groepsdiscussies. Vrienden hadden beter inzicht in de vraag of een assertieve kandidaat meedeed of zijn prestaties voorspelde op creativiteits- of IQ-tests.

Uw vermogen om uw emotionele bandbreedte te begrijpen blijkt uit de grotere zichtbaarheid ervan voor anderen dan anders het geval zou zijn.

Eigenschappen die voor andere mensen beter zichtbaar zijn dan voor jezelf, kunnen voor jou mysterieus blijven. Zingen in een karaokebar vereist dat je zowel jezelf als de luisteraars ervan overtuigt dat je talent bestaat, maar dat deze luisteraars je zangstijl en stembereik het beste kunnen inschatten.

Mensen hebben de neiging hun intelligentie te overschatten, en dit patroon wordt vaker waargenomen bij mannen dan bij vrouwen. Mensen hebben ook de neiging om te overschatten hoe genereus ze eigenlijk zijn, omdat vrijgevigheid als een bewonderenswaardige eigenschap wordt gezien. Mensen denken ook ten onrechte dat ze niet bevooroordeeld of veroordelend zijn, want wie zou zulke beweringen tegen zichzelf toegeven?

Hoe kun je dit vage beeld van jezelf ophelderen en jezelf duidelijk in de spiegel zien? Wanneer u een aspect van uzelf moeilijk kunt accepteren, vraag dan uw naasten om steun om u een spiegel voor te houden. Vrienden, ouders of romantische partners hebben doorgaans meer inzicht in wie je werkelijk bent dan wie dan ook; Toch kan hun indruk ook vertroebeld raken door liefde of vooroordelen die zij jegens jou koesteren.

Jouw VITALEN vormen jouw persoonlijkheid; ze begrijpen. Deze omvatten:

Waarden (V), interesses (I), temperament (T), 24-uurs activiteiten en doelen (ATC), levensmissie en doelen (LMG) zijn belangrijk voor een succesvol leven.

S - Vaardigheden/sterke punten

Het herkennen van jouw waarden – zoals anderen helpen, eerlijk zijn, aardig zijn – vormt de basis voor het nemen van belangrijke levensbeslissingen en het stellen van doelen. Als u uw waarden kent, kunt u doorgaan als de tijden moeilijk worden en blijft de motivatie hoog! Het is bewezen dat het opschrijven ervan in een dagboek of dagboek acties richting zelfbewustzijn motiveert! Ken uw waarden!

* Vertrouwt u bij het nemen van beslissingen op gevoelens of feiten? * Hoe laadt u uw energiereserves op, extravert of introvert? * Plan je alles minutieus of go with the flow? * Zijn details belangrijker voor u of grotere ideeën?

Als u uw antwoorden op dergelijke vragen begrijpt, kunt u uzelf intuïtief in situaties plaatsen die de groei bevorderen, terwijl u situaties vermijdt die deze beperken. Wanneer uw persoonlijkheid zich aansluit bij de omgeving, wordt energie gebruikt voor productieve projecten in plaats van te worden verspild en voelt u zich minder uitgeput dan voorheen.

Bioritmen of 24-uursactiviteiten: Hier moet de nadruk liggen op uw bioritmen of 24-uursactiviteiten, bijvoorbeeld wanneer ervaart u uw piekenergieniveau: 's ochtends of halverwege de dag? Door in harmonie te zijn met uw biologie, kunt u activiteiten plannen wanneer deze het grootste rendement opleveren; vaak zijn deze kenmerken al vanaf de geboorte aanwezig; het is gewoon een kwestie van ze herkennen en er dienovereenkomstig naar handelen.

Het combineren van biologische frequenties met activiteiten brengt lonende ervaringen met zich mee, waardoor het leven veel eenvoudiger wordt als je je niet voordoet als iemand die je niet bent!

Het leven wordt gelukkiger en betekenisvoller als we de missies en doelen van ons leven begrijpen. Als je niet zeker weet hoe je dit moet doen, denk dan terug aan gebeurtenissen die bijzonder betekenisvol waren in je leven en onderzoek de oorzaken ervan: waren het mensen die je daar ontmoette of gewoon het gevoel dat je ervoer? Deze oefening kan verborgen aspecten van uw persoonlijkheid onthullen, maar ook ontdekken wat uw loopbaanbeslissingen of andere aspecten drijft.

Als u eenmaal weet waar u naartoe wilt in het leven, kunt u gemakkelijker beoordelen of u over de hulpmiddelen of sterke punten beschikt die nodig zijn om uw levensdoelen te bereiken. Dit kunnen talenten, capaciteiten of vaardigheden zijn, maar ook karaktersterkten zoals emotionele intelligentie, veerkracht en loyaliteit, enzovoort.

Het erkennen van iemands sterke punten en capaciteiten vergroot het zelfvertrouwen; als je je er niet van bewust bent, resulteert dit in een lager zelfbeeld.

Om uw sterke punten beter te begrijpen, moet u luisteren naar complimenten, maar blijf bescheiden als u ze accepteert! Als iemand je bijvoorbeeld vertelt dat hij van je rustgevende stem houdt, grijp dit dan aan als een kans om dit talent aan te scherpen en vaker te zingen! Let bovendien op eventuele zwakke punten, zodat deze uw zelfvertrouwen niet aantasten en corrigerende maatregelen vereisen.

Zodra u meer zelfbewust wordt en uzelf begrijpt (d.w.z. uw persoonlijkheidskenmerken, sterke en zwakke punten en triggers), zult u zich gesterkt voelen in de wetenschap dat u die kennis niet alleen kunt gebruiken voor zelfgroei, maar ook om meer inzicht te krijgen in de mensen om u heen. Jij. Door jezelf beter te kennen, weet je waar grenzen moeten worden getrokken en welke triggers moeten worden vermeden om de mentale rust niet te verstoren - allemaal essentiële vaardigheden om 100 procent te geven zonder je zelf uitgeput te voelen!

Kennis is macht; zelfkennis kan vrede brengen.

Begrijp uw vooroordelen, vooroordelen en beperkingen

De kans is groot dat je verhalen hebt gehoord over vooroordelen waarbij iemand werd gepasseerd voor werk of het doelwit was van wetshandhavers vanwege ras, geslacht of nationaliteit. Onze natuurlijke perceptie van zulke mensen is dat het slechte mensen zijn omdat ze bevooroordeeld zijn jegens bepaalde groepen; maar de meesten realiseren zich niet dat onderzoekers in de hersen- en psychologische wetenschappen beweren dat vooroordelen en vooroordelen vaak onbewuste processen zijn die nog steeds de interacties met anderen beïnvloeden en bijdragen aan sociale onrechtvaardigheden in de samenleving.

Dit gedrag wordt duidelijker wanneer u communiceert met mensen buiten uw directe sociale kring door het tonen van vooroordelen (emotionele vooroordelen), discriminatie (gedragsvooroordelen) en stereotypen (cognitieve vooroordelen). Dergelijke vooroordelen kunnen onbewust zijn (dat wil zeggen automatisch en ambivalent); ze kunnen ook door de samenleving als geheel zijn gekoesterd; opvoeding heeft een enorme invloed. U kunt het bewustzijn van uw onbewuste denken ontwikkelen en vaststellen hoe dit u van dag tot dag beïnvloedt.

Hoe worden vooroordelen en vooroordelen gevormd, en wat kan er aan gedaan worden? Bij het overwegen van deze vragen moet men zich eerst concentreren op waar vooroordelen en vooroordelen vandaan komen, en vervolgens op manieren om de gevolgen ervan te verzachten. Onze geest heeft de neiging om informatie in afzonderlijke secties te categoriseren en te scheiden, wat tot dit gedrag leidt. Wanneer je in sociale

omstandigheden associaties vormt door kennis over anderen op te slaan, te verwerken en
toe te passen, ook wel sociale cognitie genoemd; impliciete vooroordelen ontstaan als
onze hersenen zoeken naar patronen om verbindingen tot stand te brengen - iets wat ons
regelrecht terugvoert naar impliciete vooroordelen!

Impliciete vooroordelen zijn het gevolg van de neiging van onze hersenen om
sluiproutes te nemen in een poging het leven te vereenvoudigen. Omdat een overdaad
aan informatie het verwerken van gegevens omslachtig en tijdrovend kan maken, stellen
mentale snelkoppelingen ons in staat om alles sneller te doorzoeken en te ontdekken
welke informatie betrekking heeft.

Hoewel het veranderen van de vooroordelen en vooroordelen van anderen een
uitdaging is, kunt u door het identificeren van uw persoonlijke voorkeuren helpen deze te
verminderen en anderen te helpen begrijpen hoe hun vooroordelen hun oordeel en
daden ten opzichte van anderen beïnvloeden.

Laten we beginnen bij de basis. Erken in de eerste plaats dat ieder mens een individu
is met individuele kwaliteiten, sterke en zwakke punten die niet in één categorie kunnen
worden ondergebracht. Besteed daarom tijd aan het leren kennen van mensen op een
intiem niveau en vermijd het categoriseren of stereotyperen van mensen op basis van
stereotypen of vooroordelen. Als uw reactie op iemand het gevolg is van een reactie,
verander dan onmiddellijk uw gedrag om dergelijke vooroordelen weg te nemen; hoewel
reacties soms snel kunnen komen; neem na het handelen enige tijd om na te denken en
andere opties te overwegen voordat u weer op een bepaalde manier handelt.

Verandering van perspectief is ook de sleutel tot het veranderen van iemands
mentaliteit. Door de dingen vanuit het perspectief van anderen te bekijken, plaats je jezelf
in hun schoenen en begrijp je waar ze vandaan komen, hoe ze denken en wat hun
ervaringen zijn. Als u dit doet, kunt u ook empathie bij u opwekken. Zodra dit gevoel
opkomt, zult u uiteraard twee keer nadenken voordat u er een oordeel over velt.

Het omgaan met nieuwe culturen, etniciteiten en rassen is ook nuttig bij het verbreden
van je perspectief. Door meer tijd en aandacht te besteden aan mensen uit deze groepen,
zul je meteen een gevoel van verbondenheid ervaren dat voorkomt dat er vooroordelen
tegen hen ontstaan.

Naast yoga en meditatie stellen mindfulness-oefeningen zoals gerichte ademhaling of
gerichte yoga-meditatie individuen ook in staat zelfbewust te worden en controle te
krijgen over hun gedachten en acties.

Persoonlijke vooroordelen, vooroordelen en beperkingen kunnen lastig zijn omdat ze
je ervan weerhouden mensen buiten een bepaald kader te zien, wat op zijn beurt leidt tot
een verkeerd begrip van hen. Maar aan de positieve kant zal het hebben van een open
geest en het zich bewust zijn van deze beperkingen je in staat stellen om te werken aan
het elimineren of op zijn minst verminderen ervan - niet alleen zal dit je leesvaardigheid
van mensen verbeteren, maar het zal je geest verder verruimen en persoonlijke
ontwikkeling aanmoedigen.

Heeft u zich ooit in een impasse bevonden en wist u niet welke richting u op moest? Nadat u een uitgebreide lijst met voor- en nadelen heeft gemaakt van de verschillende opties die voor u beschikbaar zijn, komt u niet verder in het nemen van een beslissing? Elke optie brengt verschillende obstakels met zich mee, waardoor u niet zeker weet hoe u het beste verder kunt komen.

Onder deze omstandigheden is het belangrijk om een eerlijke inventaris van uzelf te maken en uw ware verlangens te identificeren. Maar als dit proces voor u niet vanzelfsprekend is en u onder druk impulsief handelt of in plaats daarvan voldoet aan mensenvriendelijk gedrag, kunnen de resultaten verwoestend zijn!

Intuïtie kan je vriend zijn in tijden van problemen. Sommigen noemen het intuïtie; anderen noemen het hun onderbuikgevoel, hun innerlijke stem of hun voorgevoel; Hoe het ook heet, intuïtie zal je langs moeilijke levenspaden leiden door je te vertellen wanneer de beslissing in lijn is met je hart.

Veel mensen vinden het echter een uitdaging om hun intuïtie te herkennen. Dat komt omdat onze interne hindernissen ons vaak in de weg staan, zoals overdenken, het zoeken naar goedkeuring, impliciete vooroordelen en trauma's uit het verleden die ons ervan weerhouden er gebruik van te maken. Het overwinnen van deze hindernissen vereist zelfbewustzijn en het vermogen om te identificeren wat uw beslissingen drijft; wanneer dit wordt bereikt, ontstaat er een sterk intuïtief denken dat leidt tot beslissingen die onszelf als individu ten goede komen en zorg dragen voor het kiezen van beslissingen die ons goed van pas komen.

Bekende mensen zoals Henry Ford zijn geweldige voorbeelden van degenen die vertrouwen op intuïtie. Eén zo'n persoon was in 1914 toen Henry Ford te maken kreeg met een afnemende vraag en een hoge omzet bij zijn bedrijf. In plaats van het conventionele advies op te volgen en de salarissen van de werknemers met 50% te verhogen, maakte hij een gedurfde stap en verdubbelde ze in plaats daarvan, wat leidde tot een lager personeelsverloop en meer werknemers die zich auto's konden permitteren en uiteindelijk weer een stijgende vraag.

Albert Einstein was een andere opmerkelijke wetenschapper die vanwege zijn intuïtie traditionele theorieën over de natuurkunde negeerde. Hij gaf toe dat hij in inspiraties en intuïties geloofde en er zeker van was dat hij gelijk had, ook al wist hij het niet zeker. Toen wetenschappers, gefinancierd door de Koninklijke Academie, experimenten uitvoerden om Einsteins relativiteitstheorie te testen, was hij zeker van hun succes - geen verrassing toen een zonsverduistering op 29 mei 1919 zijn theorie bewees!

Paul McCartney vertrouwde sterk op intuïtie bij het maken van 'Yesterday'. Volgens hem droomde hij ervan iets te schrijven dat immens populair zou worden, maar was hij doodsbang dat de inhoud anders zou kunnen zijn dan verwacht. Toch vertrouwde hij nog steeds op zichzelf en vertrouwde hij op intuïtie die hem uiteindelijk naar succes leidde en wat hij beschouwde als 'de meest magische ervaring'.

Wat is intuïtie dan precies? Eén belangrijk punt over intuïtie dat we niet mogen vergeten is dat het logica ontbeert; in plaats daarvan vertrouwt het op emotionele instincten, ervaringen of andere factoren voor het nemen van beslissingen. Bovendien kan intuïtie worden onderverdeeld in drie verschillende categorieën.

* Inzicht en samenhang: Dit gebied heeft betrekking op intelligentie (IQ) en houdt in dat je iets realiseert zonder de bron ervan te begrijpen.

Subjectieve intuïtie verwijst naar het hebben van de illusie iets te weten, vaak gebruikt door intellectueel nieuwsgierige en puzzeloplossende typen. * Impliciet leren verwijst naar iets weten door cognitieve patronen op te pikken.

Intuïtie is afhankelijk van het matchen van patronen uit ervaringen uit het verleden met die uit huidige situaties, waarbij informatie zowel bewust als onbewust door je hersenen wordt verwerkt. Je intuïtie haalt deze gedachten en patronen vervolgens uit je onbewuste deel van de hersenen en past ze direct toe in het huidige scenario – dit leidt ertoe dat beslissingen sneller en besluitvaardiger worden genomen.

De voorspellende vermogens van de hersenen spelen een rol door verborgen kennis die nog niet tot bewustzijn is gekomen, te matchen of niet te matchen met huidige ervaringen.

Waarom hebben we hiervan een lezing over intuïtie gemaakt? Simpelweg omdat als je eenmaal de werking ervan en het effect ervan op de besluitvorming begrijpt, je het misschien kunt onderscheiden van door angst veroorzaakte emotionele reacties en de inzichten ervan kunt gebruiken om effectievere levensbeslissingen te nemen.

Je kunt niet alleen je intuïtie identificeren, maar je kunt deze ook verder versterken door middel van verschillende oefeningen.

Opzettelijke introspectie helpt het zelfbewustzijn te vergroten en uw prioriteiten te erkennen. Individuen die regelmatig aan introspectie doen, onderzoeken hun gevoelens, waar deze invloed op hebben en waar hun emotionele reacties liggen. Mensen die regelmatig introspecteren, zijn niet bang om hun emoties te voelen; ze hebben er eerder de gewoonte van om te vragen: "Hoe voel ik me hierover?" om hun emoties te identificeren en te vertrouwen.

Zeer intuïtieve individuen staan erom bekend open en eerlijk tegen zichzelf te zijn, zonder zich te verschuilen achter een verondersteld façade, en na te denken over hun behoeften en wensen, in plaats van gevangen te zitten in 'zou moeten'. Hun perspectief wordt gedreven door waarden die helpen het evenwicht in zichzelf te behouden en de intuïtie onder controle te houden.

Ze laden hun energie op en zoeken van tijd tot tijd de eenzaamheid op om op te laden en naar binnen te reflecteren. Eenzaamheid kan de vorm aannemen van ontspannen wandelingen door parken en bossen, koffie drinken naast een vuurplaats, of aan zee zitten kijken naar de zonsondergang - elke activiteit die hen in staat stelt hun innerlijke stem te horen terwijl ze zichzelf ademruimte geven.

Empathie is een ander kenmerk dat veel voorkomt bij intuïtieve mensen. Hun vermogen om zichzelf in de schoenen van anderen te verplaatsen en aan te voelen hoe iemand anders een gebeurtenis zou kunnen ervaren, maakt hen tot de aangewezen persoon voor vele anderen. Hun intuïtie maakt hen nieuwsgierig om te begrijpen hoe dichtbij ze zich voelen; niet uit nieuwsgierigheid, maar uit de wens om sterke banden tussen individuen tot stand te brengen; Hoe meer een intuïtieve empaat iemand leert kennen, hoe gemakkelijker het voor hem of haar wordt om de stemming van die persoon te voorspellen en zijn behoeften en emoties te achterhalen. Hun zintuigen pikken signalen op zoals lichaamstaal en sociale interacties, waardoor ze nauwkeuriger kunnen begrijpen wat individuen nodig hebben van de mensen om hen heen in termen van lichaamstaal of sociale interacties die helpen punten met elkaar te verbinden om te begrijpen wat elke andere persoon van hen nodig heeft en te begrijpen. wat mensen van anderen nodig hebben in termen van lichaamstaal of sociale interacties, waardoor intuïtieve empaten kunnen aanvoelen wat de ander ook van hen nodig heeft.

Intuïtie kan een krachtig hulpmiddel zijn dat u kan helpen aan schadelijke situaties te ontsnappen en u naar situaties kan leiden die meer vervulling zullen brengen. Met zijn onmiddellijke reacties en mogelijkheden om mentale capaciteiten te openen, helpt intuïtie ons om snelle, weloverwogen beslissingen te nemen. Herken situaties waarin intuïtie het gemakkelijkst naar voren komt, zodat u deze hulpbron vollediger kunt aanboren. Creëer zulke momenten opnieuw om de kracht ervan te maximaliseren.

Het leven in de huidige maatschappij vormt op vele manieren onze daden, ons denken en onze persoonlijkheid; trouw blijven aan jezelf tijdens het navigeren door dit leven kan een uitdaging zijn; toch helpt authentiek zijn je om je volledige potentieel te ontsluiten en je volledigste potentieel te realiseren.

Als iemand je vraagt hoe het met je gaat, hoe moet je dan reageren? Bent u geneigd aan te nemen dat het ze niet veel kan schelen en een onoprecht antwoord te geven, zoals: "Het gaat goed met mij"? Of moet u overwegen om eerlijk te antwoorden hoe u zich werkelijk voelt? De meeste mensen kiezen voor de laatste benadering, omdat het onthullen van iemands ware toestand zal leiden tot verdere gesprekken over zichzelf die velen liever vermijden.

Idealistisch gezien zouden mensen niet bang zijn om zich vrijelijk te uiten en maskers te dragen in plaats van zich voor anderen af te sluiten. Maar helaas, als we onze maskers te lang blijven dragen, worden ze moeilijk af te zetten, waardoor we iemand worden die we niet zijn en zelfs als we alleen zijn, beginnen we na te denken over hoe anderen ons zien en wat anderen van ons kunnen denken.

Svend Brinkman, een Deense psycholoog, merkte op dat mensen vaak van zichzelf en anderen verwachten dat ze altijd gelukkig en positief overkomen; Dit kan echter negatieve bijwerkingen hebben. Hoewel positief zijn op zichzelf positief kan zijn, kan het te allen tijde gelukkig lijken inhouden dat je je ware gevoelens verbergt om anderen te plezieren door positief over te komen[14].

Niemand kan altijd gelukkig en optimistisch blijven. Door te doen alsof alles in orde is terwijl dat niet zo is, ben je niet langer assertief en drijf je af van wie je werkelijk bent. Het erkennen van negatieve emoties zet aan tot nadenken over de oorzaak ervan en de gebeurtenissen die mogelijk hebben bijgedragen aan de manifestatie ervan; eenmaal gevonden, moeten er inspanningen worden gedaan om het op te lossen; Het simpelweg verborgen houden van problemen zal in de loop van de tijd alleen maar ernstiger worden en onbeheersbaar worden.

Hoe kun je beginnen op het pad om je ware zelf te worden?

Leer kwetsbaar te zijn

Trouw zijn aan jezelf betekent dat je kunt vragen wat je nodig hebt en dat mondeling kunt uiten. Door gevoelens te uiten door middel van spraak kunnen we onze behoeften en verlangens onder woorden brengen, bijvoorbeeld door tegen iemand te zeggen: "Het is oké om niet oké te zijn". Het negeren van één aspect van jezelf kan betekenen dat je een ander deel onderdrukt; Je ware zelf zijn betekent dat je alle delen van jezelf accepteert, zowel behoeftige als zelfvoorzienende delen!

Kwetsbaarheid geeft anderen minder macht om uw tekortkomingen of zwakheden onder de aandacht te brengen; Als u zich er eenmaal van bewust bent, kunnen anderen deze niet tegen u gebruiken.

Neem de tijd om te observeren hoe u zich gedraagt als er niemand in de buurt is; welke acties bevallen anderen of jezelf? Je authentieke, beste zelf worden is niet afhankelijk van succesvol zijn of een hoge status hebben; het gaat eerder om het ontwikkelen van karakter door de manier waarop je je gedraagt als er niemand aanwezig is.

Om het leven te bereiken dat je wenst, is het absoluut noodzakelijk dat je trouw blijft aan wie je wilt zijn. Velen hanteren in het leven een 'fake it till you make it'-benadering, maar dit kan een uitdaging worden als de passie en de bereidheid om authentiek te leven ontbreken. Een sterk karakter helpt bij het ontwikkelen van veerkracht waardoor we onze gewenste bestemmingen gemakkelijker kunnen bereiken.

Karakter wordt bepaald door hoe u in een bepaalde situatie reageert, in plaats van dat u het slachtoffer wordt van wat er met u gebeurt. Het goede doen als je met obstakels wordt geconfronteerd, maakt deel uit van dit concept; een ander aspect houdt in dat je je inspant om ze te overwinnen, zodat je aan anderen kunt bewijzen dat je alles kunt weerstaan wat er op je pad komt. De leiding nemen over je leven betekent onbeschaamd zijn met betrekking tot gemaakte keuzes en acties, optimistisch blijven, zelfs in moeilijke tijden, en je beste zelf worden om het leven te creëren dat je voor jezelf voor ogen hebt.

Maar hoe identificeer je wat je werkelijk verlangt? Helaas brengen succes, status of rijkdom niet altijd geluk of voldoening; ons verlangen naar materialistische doelen komt voort uit het feit dat we niet geloven dat we genoeg zijn.

De behoefte van mensen om zich 'genoeg' te voelen als wie ze zijn, is wat velen van hen motiveert om dure dingen te kopen en in luxe restaurants te dineren. Je ego begint je te vertellen dat je iemand moet zijn die je niet alleen bent om je eigenwaarde aan anderen te bewijzen; maar dit weerspiegelt niet een echt begrip van eigenwaarde.

Het ego kan ons authentieke zelf onderdrukken met zijn meedogenloze zoektocht naar waarde en eigenliefde, dus als middel om die leegte op te vullen, voeden we het door rijkdom of status te zoeken.

Erkennen dat je genoeg bent zonder alle materialistische franjes is de sleutel tot het besef wie je werkelijk bent en het creëren van het leven dat je voor jezelf voor ogen hebt. Door dit diep in jezelf te geloven, kun je verbinding maken met wie je werkelijk bent en een vervullend bestaan voor jezelf vormgeven.

Door te accepteren en te erkennen wie je werkelijk bent, geef je het signaal af dat je klaar bent om het pad te betreden dat het universum je heeft uitgestippeld, alle uitdagingen op je weg te overwinnen en er als een gelukkig en tevreden persoon uit te komen.

Zijn we te hard aan het lezen (oordelen)? Een paar dagen geleden, terwijl ik in de rij stond te wachten om mijn sportschool binnen te gaan voor mijn avondtraining, hoorde ik twee vrouwen praten over een ander sportschoollid dat ze kenden als "dikke Judie". Eén zei zoiets als: "Ik vraag me af of ze hier vanavond is...".

'Ja, daar is ze. Jezus, ze is zo'n erwtenbrein.'

Toen het hun beurt was, kwamen beide vrouwen de sportschool binnen en lachten Judie uit als amusement. Dit waren volwassen vrouwen wier bron van vermaak lag in het bekritiseren van iemand die op een andere manier met kwesties omging dan zijzelf.

Gebeurtenissen als deze herinneren ons eraan dat oordelen een onaangename emotie is. Helaas definieert het oordeel jou vaak meer dan iemand anders; die van jou komen vaak voort uit zwakheden in jezelf.

Komt een van deze situaties u bekend voor? "Waarom heeft de Instagram van dat meisje meer volgers dan de mijne, ook al zien haar foto's eruit alsof ze door een basisschoolleerling zijn gemaakt?" Wat dit inhoudt, is dat je zou willen dat je account meer volgers had, terwijl je je er de hele tijd onzeker over voelde.

"Die kerel lijkt altijd vrolijk en aardig; het moet nep zijn!" Het toont je jaloezie op zijn vermogen om contact te maken met mensen en wenst dat jouw leven net zo bevredigend zou zijn als het zijne; Maar in plaats van te werken aan het persoonlijk verbeteren van jezelf, oordeel en label je anderen.

"Hij denkt dat hij zo belangrijk is vanwege zijn dure auto en huis; hoe oppervlakkig!" Je lippen zeggen het, terwijl je hart anders weet; Wat uw lippen echter uitdrukken, kan feitelijk betekenen dat al deze luxe u doet wensen dat u een andere levensstijl leidde, in plaats van u voortdurend blut te voelen.

Kijk om je heen en probeer iemand te identificeren die zelfverzekerd overkomt terwijl hij anderen hard oordeelt. De kans is groot dat er niet zo iemand zal zijn, omdat jouw oordelen zwakheden, onzekerheden en zwakke plekken aan het licht brengen die je voor de samenleving probeert te verbergen.

Eén reden waarom we anderen zo gemakkelijk beoordelen, is omdat we onszelf hetzelfde aandoen: alle wegen leiden terug naar 'ons'.

Wat kunt u doen als u merkt dat u anderen te hard leest en beoordeelt? Helemaal stoppen klinkt misschien idealistisch, maar dat is simpelweg niet mogelijk. Er is echter een effectieve manier om jezelf te betrappen voordat je verandert in een gewetenloos oordeelsmonster: let op wanneer je iemand leest of beoordeelt en stop voordat je er een wordt!

Blijf nieuwsgierig. Oordeel belemmert het rationele denken en weerhoudt je ervan mensen of situaties te begrijpen; vaak komen deze overtuigingen voort uit beperkte informatie.

Nieuwsgierigheid houdt iemand open voor de mogelijkheid dat er misschien meer aan de hand is; iets achter de schermen dat je niet waarneemt.

Zodra iemand zich vreemd of tegen jouw voorkeuren gedraagt, stel jezelf dan deze simpele vraag: "Gebeurt er iets met die persoon dat ik niet kan zien?" Deze aanpak lijkt misschien voor de hand liggend, maar zal u eraan herinneren dat er vaak meer aan de hand is dan op het eerste gezicht lijkt.

Een oordeel vellen over mensen kan gemakkelijk zijn en kan zelfs bevredigend zijn; nieuwsgierig blijven vereist echter emotionele intelligentie, volwassenheid en zelfbeheersing.

Voordat u onmiddellijk een oordeel over iemand velt, moet u eerst even nadenken voordat u onvriendelijke woorden spreekt of sms't. Woorden komen niet terug, eenmaal gezegd laten ze een impactvolle indruk achter die een leven lang meegaat! Verplaats jezelf in hun positie, zodat je hun bedoelingen kunt begrijpen; transformeer negatieve gedachtepatronen in constructieve, zodat je negativiteit van binnenuit kunt bestrijden - en elimineer vervolgens de bron ervan!

Een integraal onderdeel van persoonlijke groei en ontwikkeling is het bewust worden van onze eigen tekortkomingen, het veranderen van patronen om positievere en volwassenere individuen te worden, terwijl we anderen zonder oordeel of kritiek accepteren als onderdeel van deze reis.

Zoals besproken in deel twee is het belangrijk om te begrijpen wat anderen motiveert; maar net zo essentieel voor jouw geluk en welzijn is het identificeren en begrijpen van wat JOU in het leven drijft. Door zelf geïnspireerd en gemotiveerd te blijven, zul je energie en drive vinden die het geluk in jezelf kunnen voeden en zich kunnen verspreiden onder de mensen om je heen - net zoals het vullen van een lege put geen verlichting kan bieden!

Interne motivatie kan uit meerdere bronnen komen, waaronder financiële onafhankelijkheid, gezondheidsvoordelen, stabiliteit of zelfontplooiing. Ieder individu is uniek in zijn/haar motivatie; vandaar dat sommigen meer gedijen met taak- of vaardigheidsgericht werk, terwijl anderen blijven werken in de dienstverlenende sector. Deze factoren bepalen welk pad men kiest.

1. Intrinsieke motivatie: Activiteiten die je graag doet omwille van jezelf, zoals het bestuderen van misdaadjournalistiek, omdat het kijken naar misdaaddocumentaires en het lezen van mysterieromans daarvoor inspiratie hebben gegeven.

2. Gedefinieerde motivaties: activiteiten die u uitvoert en die u dichter bij het bereiken van uw doelen brengen; bijvoorbeeld misdaadjournalistiek studeren als het je doel is om als wetshandhavingsagent te werken.

Studies die zijn uitgevoerd om de effecten van intrinsieke en geïdentificeerde motivatie op het geluk en welzijn van kinderen te onderzoeken, hebben aangetoond dat kinderen die intrinsiek gemotiveerd waren om meer te leren, zich psychologisch in een betere staat bevonden, ongeacht hun cijfers.[15]

Als je eenmaal begrijpt welke motivatie welke acties drijft, zou de volgende stap het identificeren moeten zijn van wat JOU drijft. Door een zelfevaluatie uit te voeren en eerlijk te zijn over hoe en waarom je bent geworden wie je nu bent, kun je identificeren wat JOU drijft - en vervolgens een actieplan opstellen om te komen waar je zou willen zijn in het leven.

Deskundigen adviseren dat het bij het identificeren van de motivatie nuttig is om die momenten te herinneren waarop u zich het meest levend en gretig voelde om iets af te ronden. Als u nadenkt over de taken die een bijzonder hoge betrokkenheidsgraad hadden, kan dit onthullen waar uw passies liggen.

Denk terug aan die voorbeelden en overweeg wat leidde tot uw gevoel van prestatie of opwinding, en onderzoek vervolgens de oorzaken ervan door te begrijpen waarom de dingen op deze manier zijn gebeurd. Door deze vraag te beantwoorden, kan het helpen motivatoren te identificeren. Hier zijn enkele vragen die u uzelf kunt stellen om ze te identificeren:

* Wie denk je dat je over twee tot drie jaar zult worden?

Hoe zou deze persoon zich gedragen? Als geld en middelen geen probleem voor u zouden zijn, wie zou u dan uit vrijgevighcid van geest helpen? Waar zou jij een impactvol statement willen maken over wat jou interesseert of motiveert? * Van welke hobby's en bezigheden word jij blij?

    * Welke kwaliteiten moet je ontwikkelen om de beste versie van jezelf te worden en het leven te creëren dat jij voor jezelf voor ogen hebt?

Beantwoord de volgende vragen om uw inspiratiebronnen bloot te leggen en een leven te leiden dat uw waarden en overtuigingen weerspiegelt.

Een belangrijke stap om gemotiveerd te raken is het onder ogen zien van angst. Angst weerhoudt ons ervan vooruitgang te boeken; het belemmert beweging, zorgt ervoor dat we bij elke bocht aan onszelf twijfelen en leidt ons op een onnodig pad van voorzichtigheid. Helaas komen onze angsten soms voort uit verbeelding en niet uit een nauwkeurige evaluatie van risico's; Zelfs als opwinding de angst overschaduwt, zullen er nog steeds delen van onszelf zijn die zich willen beschermen tegen invloeden van buitenaf en zich willen inhouden in een poging onze veiligheid te garanderen.

Om aan deze situatie te ontsnappen, is het noodzakelijk om je angsten onder ogen te zien en ze te overwinnen. De eerste stap zou moeten zijn om ze te herkennen door hardop te spreken; door ze hardop te erkennen, kan hun macht over jou langzaam afnemen. Stel jezelf deze vragen:

    * Hoe groot is de kans dat datgene waar je bang voor bent, zal gebeuren?

    En waarom ben je bang dat dit zou kunnen?

Door ze rechtstreeks te confronteren, kun je ontdekken welke angsten reëel zijn en welke ingebeeld. Uw angsten zullen ook aangeven waar er hiaten kunnen zijn die moeten worden opgevuld voordat u uw bestemming bereikt en waar risicobeheerstrategieën moeten worden ingevoerd. Zodra deze angsten direct zijn aangepakt, wordt het veel eenvoudiger om te beoordelen wat de vooruitgang drijft en tegenhoudt – kennis waarmee u uw gewenste doelen sneller kunt bereiken.

Gesprekken zijn een effectieve en moeiteloze manier om verbindingen tot stand te brengen, gedachten uit te wisselen en wederzijds begrip tussen mensen te ontwikkelen. Deze interacties moeten plezierig zijn en inzicht geven in de persoonlijkheden en voorkeuren van individuen; door hen ontwikkelen we empathie, voelen we ons begrepen en luisteren we naar elkaar - waardoor we gedenkwaardige ervaringen en blijvende groei gedurende ons hele leven creëren.

Om echter van deze voordelen van 'gesprekken' te profiteren, moet je een punt bereiken waarop mensen graag met je willen praten - dit betekent dat je moeiteloos de aandacht vasthoudt, de leiding neemt in de ruimte en uitblinkt in sociale of professionele situaties.

Zijn deze vaardigheden inherent, of kunnen ze worden ontwikkeld door middel van specifieke training en oefening?

Hier is de voorkennis: je kunt deze vaardigheden cultiveren door jezelf te positioneren als een interessant, beschaafd en deskundig individu.

Ieder mens wil graag interessant zijn; dat is een onbetwistbare waarheid. Zelfs iemand die zich niet op zijn gemak voelt om op de voorgrond te staan, wil nog steeds interessant overkomen en voorkomen dat hij als saai wordt bestempeld! Interessant zijn leidt tot invloed en kansen; door te begrijpen wat een interessant individu is, kun je er zelf een worden en invloedrijk worden binnen je invloedssfeer.

Hoe kan je dat doen?

Begin door inclusief te zijn. Probeer niet 'cool' te zijn door anderen af te wijzen; dat zal uw geloofwaardigheid alleen maar verder ondermijnen. Mensen steunen in plaats van ondermijnen: dat maakt een betere indruk!

Als je op een feestje of in een bar iemand zijn drankje ziet vasthouden terwijl hij op zoek is naar iemand om mee te praten, negeer hem of haar dan niet; probeer een gesprek op gang te brengen, zodat ze zich gezien en betrokken voelen. Vertel misschien iets over hen dat je tijdens een van je eerdere gesprekken hebt geleerd; dit zal hen laten zien dat je ook hebt geluisterd toen je met die persoon sprak. Zorg ervoor dat u een goede luisteraar bent, zodat zij u als intrigerend beschouwen.

Hoewel het fijn is om in het middelpunt van de belangstelling te staan, is bescheidenheid ook essentieel. Uit onderzoek blijkt dat mensen graag tijd doorbrengen met mensen die nederigheid tonen. Omdat deze term aanzienlijk kan variëren, afhankelijk van de context, gebruiken we als definitie: het respecteren van de meningen en perspectieven van anderen als nederig - dit zal iemand laten zien dat hij/zij ertoe doet!

Zorg ervoor dat u nederigheid niet verwart met een gebrek aan zelfrespect of assertiviteit; Voor nederig zijn is geen zelfspot nodig waardoor iemand anders zich speciaal voelt. Wees nederig door uw capaciteiten te erkennen en wat ze wel of niet kunnen doen; zelfs iets eenvoudigs als zeggen: 'Ik weet het antwoord nog niet, maar ik zal het onderzoeken en contact met je opnemen', of toegeven: 'Ik ben niet bekend met dit onderwerp; kun je me meer vertellen?' nederigheid kan tonen.

Laat je niet intimideren door te laten zien dat je een open, beginnersgeest hebt! Een andere effectieve strategie om gesprekken vooruit te helpen is oprechte vrijgevigheid, omdat dit een psychologische reactie van wederkerigheid van anderen uitlokt. We bedoelen niet materialistische gebaren zoals het kopen van geschenken of eten; voer gewoon een open gesprek, geef vrijelijk complimenten of vraag iemand hoe hij of zij zich voelt, zonder het alleen maar uit formaliteit te vragen!

Door genereus te zijn met uw tijd en aandacht, zult u ontdekken dat anderen meer in u geïnteresseerd raken. Ze zullen het op prijs stellen te weten dat je er niet alleen maar bent om materiële voordelen uit hun aanwezigheid te halen.

Wees genereus door 'ja' te zeggen. Als u over specifieke expertise of inzichten beschikt over een gebied dat voor anderen van belang is, maak daar dan vrij gebruik van, zonder na te denken over wat u ervoor terugkrijgt.

Door interessant en behulpzaam te zijn, kun je onder anderen gunst verdienen en levenslange relaties opbouwen. Door de hier genoemde gesprekspraktijken te volgen, wordt het gemakkelijk om het onderwerp van gespreksinteresse te worden.

Heeft u lange pauzes en ongemakkelijke blikken ervaren, waardoor het gesprek ongemakkelijk werd?

Iedereen zal op een gegeven moment lange pauzes en ongemakkelijke blikken ervaren tijdens gesprekken waardoor we ons ongemakkelijk voelen, en dan beseffen we hoe belangrijk het is om de dialoog gaande te houden; ook wel bekend als mensen betrokken houden bij hun discussies.

Hier leest u hoe u dat kunt doen: Vind een gemeenschappelijk belang. Mensen variëren enorm als het gaat om interesses en prioriteiten; door iets gemeenschappelijks te vinden, kunt u bruggen tussen u bouwen. Zodra je iets soortgelijks tussen twee mensen hebt gevonden, noteer dan alles wat je er interessant aan vindt (als gespreksaanzet). Neem die lijst een paar keer door, zodat hij gemakkelijk in je geheugen blijft hangen als er gesprekspunten op dat gebied naar voren komen - en raadpleeg hem dan indien nodig! Schrijf bovendien gespreksstarters op over onderwerpen die voor jullie beiden relevant zijn, zodat er nooit een einde komt aan de discussie!

Interessante onderwerpen zijn onder meer voetbal, de nieuwste gadget die op de markt is geïntroduceerd, een film kijken of een boek lezen dat je leuk vond of het horen van opmerkingen van Donald Trump waar je hardop om moest lachen.

Wees niet verlegen om open vragen te stellen als u merkt dat u geen woorden kunt vinden. Een open vraag vereist meer dan een "ja/nee"-antwoord en zal zeker tot een gesprek tussen de betrokken partijen leiden.

Voorbeelden van onderwerpen kunnen zijn: Een concert: mijn gedachten

Van welke filmscène heb je het meest genoten en wanneer je alleen of in groepen uitging?

Deze vragen moedigen mensen aan om meer over zichzelf open te stellen. Door ongemakkelijke stiltes tussen gesprekken te elimineren, zorgen dit soort vragen ervoor dat de dialoog tussen jou en een ander individu gemakkelijker verloopt.

Door dit soort vragen te stellen, laat je iemand zien dat je om zijn mening en emoties geeft. Dit bouwt relaties op door de dialoog tussen jou en hem of haar gaande te houden. Ze zullen de moeite die u doet om het te onderhouden waarderen!

Breng emotionele banden tot stand

Gesprekken moeten niet simpelweg als woorden worden gezien: ze dienen om emotionele verbindingen tussen mensen op te bouwen. Hoéwel je een hele dialoog zou kunnen voeren zonder betekenisvolle informatie te delen, helpt dit wel om betekenisvolle banden tot stand te brengen en krijg je een kijkje in de persoonlijkheid van iemand anders.

Blur! Als niets anders werkt, aarzel dan niet om iets te zeggen! Gesprekken kunnen vaak een uitdaging worden omdat we bang zijn dat onze woorden voor anderen saai zullen zijn; daarom blijven onze gedachten en woorden verborgen totdat onze angst om beoordeeld te worden zich manifesteert in woorden of daden. Maar vaak komt deze angst voort uit niets anders dan verbeelding!

De volgende keer dat u in zo'n ontmoeting terechtkomt, spreek dan vrijuit uw mening uit (zolang deze geen racistisch of seksueel aanstootgevend materiaal bevat). Het zal je misschien verbazen als je ontdekt dat mensen niet zo bekrompen zijn als je dacht!

Jouw inspanningen om een gesprek voort te zetten zullen alleen slagen als beide deelnemers erin investeren en bereid zijn om er volledig aan deel te nemen. Als ze tekenen van desinteresse vertonen of überhaupt weigeren een bijdrage te leveren, beschouw dat dan als een indicatie dat er onmiddellijk een einde aan moet komen.

Ongeacht uw interesses of doelen Het valt niet te ontkennen dat persoonlijke relaties de sleutel zijn tot persoonlijk en professioneel succes, ongeacht iemands interesses, persoonlijke doelen of beroep. Toch is het je misschien opgevallen dat sommige mensen gemakkelijk contact lijken te kunnen maken met alles wat ze tegenkomen, terwijl anderen zelfs moeite hebben met het voeren van gezonde gesprekken, laat staan met het ontwikkelen van betekenisvolle relaties.

Hier leest u hoe u mooie meiden in een bar, het afdelingshoofd op een jaarlijks evenement of uw buurman kunt benaderen en onder de aandacht kunt krijgen door een petitie te tekenen voor het veilig maken van de buurt.

Dus hoe kun je deze vaardigheid ontwikkelen?

Onthoud eerst en vooral dat mensen beter reageren op echte mensen. Verbindingen maken en behouden begint met oprechte intenties; elke poging tot oppervlakkige interactie zal slechts een beperkte tijd duren. Met mensen praten alleen maar voor promoties of gratis kaartjes is niet voldoende - als je echt om mensen geeft, kunnen ze na verloop van tijd echte vrienden worden.

Ten tweede: toon uw bereidheid om iemand met wie u verbinding probeert te maken, de tijd en aandacht te geven. Soms zijn we vanwege de beperkte middelen niet in staat mensen te overladen met geschenken of materialistische uitingen van genegenheid; Iemand echte tijd geven om zijn of haar voorkeuren en voorkeuren te leren kennen, is een net zo impactvol gebaar om te laten zien dat hij/zij ertoe doet.

Als je moeite hebt om meer over hen te weten te komen via onafhankelijk onderzoek, kan het enorm helpen om contact te maken met mensen die ze kennen. Mensen hebben de neiging onze gewoonten en hobby's na te bootsen, dus door mensen beter te kennen die ze beter kennen, kun je ook wat inzicht in hen krijgen.

Verbindingen leggen kan ook in professionele omgevingen van onschatbare waarde zijn; veel vacatures worden ingevuld via verwijzingen en netwerken; Door relaties aan te gaan, stel je jezelf open voor eindeloze mogelijkheden.

Wanneer iemand u voor een baan aanbeveelt, kan hun aanbeveling uw geloofwaardigheid vergroten, waardoor het gemakkelijker wordt om die baan binnen te halen. Onderschat het opbouwen van relaties met collega's niet simpelweg omdat u maar weinig tijd samen doorbrengt; meer mensen in je sociale kring betekent meer kansen in het leven!

Als je eenmaal een verbinding tot stand hebt gebracht, moet de volgende stap het koesteren en sterk houden ervan zijn. Helaas, als iemand eenmaal uit het zicht is, verdwijnt hij of zij vaak uit de herinneringen van mensen; Om ervoor te zorgen dat je onvergetelijk blijft, kun je het beste kleine gebaren maken, zoals het sturen van kerstkaarten, verjaardagsberichten via sms of hun favoriete boek met een persoonlijke noot. Je zult er misschien versteld van staan hoe blij mensen zullen zijn met deze herinneringen die laten zien dat ze er toe doen! We willen allemaal herinnerd worden; laat iemand zien dat hij/zij ertoe doet door te laten zien dat uw relatie hem of haar waardeert! Je zou zomaar levenslange verbindingen kunnen creëren!

Het enige dat nodig is om mensen voor je te winnen, is laten zien dat je ze begrijpt en waardeert; dan zul je hun loyaliteit winnen.

Het digitale tijdperk heeft het voor ons gemakkelijker dan ooit gemaakt om taken te automatiseren en machines te gebruiken om onze werklast te beheren. Maar hoe meer technologie we vertrouwen, hoe verder weg van het ervaren van de emoties die gepaard gaan met het voltooien van een taak of het overwinnen van moeilijkheden om ons werk te voltooien. is gevoeld.

Emotionele intelligentie speelt hier een rol; het verwijst naar uw vermogen om zowel uw eigen emoties als die om u heen te herkennen, inclusief hoe deze anderen beïnvloeden en hun gedachten en gedrag beïnvloeden. Door menselijke gevoelens dieper te begrijpen, vinden emotioneel intelligente mensen het gemakkelijker om verbinding te maken met andere mensen, terwijl ze meer medelevend en begripvol zijn tegenover degenen die ze tegenkomen; deze kwaliteit draagt in grote mate bij aan hun professionele en persoonlijke succes.

Mensen raken vaak in de war tussen emotionele intelligentie en intelligentiequotiënt (IQ), aangezien ze allebei verschillende vormen van intelligentie vertegenwoordigen. Het belangrijkste onderscheid ligt in de manier waarop elk wordt gemeten en weergegeven.

IQ meet mentale intelligentie door middel van gestandaardiseerde tests en is direct gekoppeld aan mentale capaciteiten; bijvoorbeeld het kunnen begrijpen van informatie en het toepassen ervan bij het oplossen van problemen. Mensen met een hoger IQ zijn bedreven in het leggen van snelle mentale verbindingen en het snel verwerken van abstracte ideeën. Emotionele intelligentie verwijst naar de manier waarop iemand emoties gebruikt om situaties te begrijpen; degenen aan de hogere kant van deze schaal zijn doorgaans emotioneel stabiele individuen die hun gevoelens goed kunnen beheersen en tegelijkertijd effectief kunnen omgaan met degenen die door moeilijke fasen gaan.

Een ander verschil tussen deze twee vormen van intelligentie is dat IQ iets is dat je bij de geboorte erft, terwijl emotionele intelligentie zich ontwikkelt door ervaringen tijdens je opvoeding en omgeving. Je kunt eraan werken om als volwassene emotioneel intelligent te worden door sterke sociale vaardigheden te ontwikkelen.

Hier ziet u hoe u dat kunt bereiken:

* Houd rekening met uw reacties. Oordeel niet voordat u alle aspecten van een situatie volledig begrijpt, maar probeer in plaats daarvan de dingen vanuit het gezichtspunt van anderen te bekijken en open te staan zonder toe te geven aan stereotypen of vooroordelen. Door de standpunten van anderen te accepteren en hun mening(en) te accepteren, bouwt u hun vertrouwen op.

* Beoordeel jezelf. Bent u zich bewust van uw zwakke punten? Kun je accepteren dat het nodig is om aan bepaalde gebieden van jezelf te werken om een beter mens te worden? Kijk eerlijk en bedachtzaam naar jezelf en wees moedig genoeg om die delen te veranderen die de groei belemmeren - het zou je leven kunnen transformeren! * Kijk eerlijk en doordacht naar jezelf! Eerlijk zijn kan levensveranderend zijn!

* Evalueer hoe u reageert in stressvolle situaties. Hoe ga je om met teleurstellingen als dingen niet gaan zoals verwacht, bijvoorbeeld als dingen niet lukken? Haal je uit of geef je anderen de schuld? Rustig kunnen omgaan met teleurstellingen is uiterst waardevol, zowel in een professionele als in een persoonlijke omgeving. Het voorkomt dat emotionele uitbarstingen leiden tot overhaaste beslissingen of acties waar u later misschien spijt van krijgt.

* Zoek geen bevestiging van uw prestaties. Nederigheid kan een emotionele gereedschapskist van onschatbare waarde zijn; Door het in de praktijk te brengen, laat u anderen zien dat u uw eigen sterke punten en prestaties herkent, zonder dat u daarover tegenover anderen hoeft op te scheppen. Concentreer u in plaats daarvan op de prestaties van anderen als een manier om uzelf te inspireren! Misschien zie je gewoon dat hun prestaties op jou overkomen.

* Neem de verantwoordelijkheid voor je daden. Als u iemand anders beledigt, bied dan uw excuses aan of probeer de situatie indien nodig onmiddellijk op te lossen. Negeer hun gevoelens niet en laat ze niet geloven dat ze op geen enkele manier gekwetst hadden mogen worden; door moeite te doen om dingen eerlijk recht te zetten en het goed te maken, laat u aan die persoon zien dat hij of zij door u wordt gewaardeerd en dat al het mogelijke zal worden gedaan om de relaties tussen u beiden in stand te houden.

* Houd rekening met de gevolgen van uw acties. Voordat u actie onderneemt, moet u altijd rekening houden met de gevolgen die dit heeft voor degenen die bij de situatie betrokken zijn, en met hun reacties op wat u voorstelt. Zou het hen schade berokkenen of de situatie voor hen verder verergeren? Als dit het geval is, ga er dan helemaal niet mee verder; maar als dat om de een of andere reden niet vermeden kan worden, zorg er dan voor dat u deze beslissing eerst met hen bespreekt en probeer manieren te vinden om de nadelige gevolgen ervan tot een minimum te beperken.

Emotionele intelligentie is de sleutel tot het lezen en begrijpen van mensen. Het stelt je in staat sterke banden met individuen aan te gaan, wat uiteindelijk leidt tot succes in alle aspecten van je leven.

Als je partner thuiskomt na een dag hard werken, denkt hij of zij dan bij zichzelf: "Eindelijk! Ik kan nu ontspannen!" of denken ze in plaats daarvan: "Daar komt het weer!" Als je een succesvol huwelijk of een succesvolle relatie wilt, zou je het liefst willen dat ze de eerste zinsnede gebruiken: ook al kan thuiskomen in een smetteloos huis leuk zijn, het belangrijkste is dat ze zich op hun gemak voelen in een omgeving waarin ze graag verblijven en voel je net zo welkom en welkom door jou als de netheidsfactor zelf.

Wat moet je doen als je een zware dag hebt gehad? Glimlach en probeer aardig te zijn, zoals tegen vreemden in een vergadering, of dump al je emotionele restjes op hen? Vreemd hoe degenen die het dichtst bij ons staan vaak onze slechtste kant zien. Je zou kunnen zeggen dat als we niet 'echt' met elkaar zijn in onze huizen en relaties, voor wie zouden we ons dan nog meer openstellen? Maar kun jij ook omgaan met al het veelvuldige gezeik en gedoe?

Daarom is het essentieel dat u geen omgeving creëert waarin u zelf niet kunt leven. Natuurlijk heeft iedereen momenten waarop angst, woede of stress de overhand krijgen. Probeer echter deze incidenten te beperken, zodat uw partner niet in negativiteit terechtkomt. Als het u moeilijk lijkt om deze emoties alleen te beheersen, praat dan met vrienden of therapeuten voor ondersteuning; alleen als je geestelijke gezondheid stabiel is, kun je voor jullie beiden een optimale sfeer creëren.

Om uw partner aan te trekken, moet u technologie buiten beschouwing laten als u met hem of haar praat; geef je volledige aandacht zonder tegelijkertijd door je Twitter-feed te scrollen; luister hoe hun dag verliep en rapporteer wat je tijdens die dag hebt gedaan; als uw huis groot genoeg is, plaats dan laptops of computers uit het zicht om de verleiding te verminderen om te vaak in te checken; Door op te ruimen zijn frequente herverbindingen mogelijk in plaats van slechts één date night per week.

Daarnaast kunnen invloeden van buitenaf bijdragen aan het creëren van een ideale sfeer. Zorg er bijvoorbeeld voor dat zowel jij als je huis lekker ruiken als je partner arriveert. Dit verfrist ze onmiddellijk mentaal en zorgt ervoor dat ze zich dichter bij elkaar voelen. Steek geurkaarsen aan en speel lichte muziek om een romantische, gezellige sfeer te creëren; uw metgezel zal zeker langer bij u willen blijven!

Uw huis moet een oase van comfort en vrede zijn. Als u er samen met uw partner aan kunt helpen bouwen, zal dat een grote bijdrage leveren aan een succesvolle samenwerking.

Hun comfortzones erkennen en hen accommoderen
Heeft jouw relatie te maken met joggingbroeken, scheten in bed en je partner die roept: "Schat, dat puistje kan je hele gezicht overnemen!"? Als dit de dynamiek tussen jou en je partner beschrijft, dan heb je met succes een plezierige verbinding tot stand gebracht die gebouwd is om lang mcc te gaan.

Op een bepaald punt in uw relatie kunt u situaties tegenkomen waarin een activiteit of sociale situatie die u wilde ondernemen buiten de comfortzone van uw partner lag. Om de vrede in de relatie te bewaren en onenigheid te voorkomen, is het essentieel dat beide partners begrijpen waar hun comfortniveau ophoudt en hoe ver je ze kunt pushen om daarbuiten te gaan.

Als jij extravert bent en je partner introvert, dan vindt hij of zij het misschien niet leuk om zoveel feestjes en buitenactiviteiten bij te wonen als jij. Daarom het vinden van een acceptabel compromis waarbij geen van beide partners zich beperkt voelt door te veel binnen te blijven; en waar geen van beiden zich overbelicht voelt vanwege voortdurende sociale interacties, is dit de sleutel tot het vinden van geluk samen.

Om aan hun voorkeuren tegemoet te komen, begint u met het begrijpen van hun humeur, bijvoorbeeld wanneer ze zin hebben om uit te gaan of wanneer ze meer tijd thuis willen doorbrengen met Netflix en boeken. Probeer ook niet opeenvolgende dagen uit te gaan en zorg ervoor dat hun energiereserves zichzelf opladen voordat ze weer naar buiten gaan. Deze kleine aanpassingen in uw houding zullen hen laten zien dat u om hun voorkeuren geeft, terwijl u hen aanmoedigt om buiten hun comfortzone te gaan om ook aan u tegemoet te komen!

Studies hebben aangetoond dat wanneer koppels zich op hun gemak voelen in hun gezelschapsrelaties, de kans dat ze langer standhouden aanzienlijk toeneemt. Omgekeerd betekent het bereiken van een comfortniveau minder opwinding of nieuwe ervaringen om te ontdekken en het risico dat het na verloop van tijd oud wordt. Dus, hoe kun je een evenwicht vinden tussen het comfortniveau van beide partners en tegelijkertijd de romantiek levend houden?

Probeer elkaar af en toe te verrassen - niet met zoiets groots als het kopen van een nieuwe auto zonder eerst je partner te raadplegen - concentreer je in plaats daarvan op kleinere, betekenisvolle gebaren, zoals het aanbieden van hun favoriete maaltijd als ze thuiskomen van het werk, het dragen van je meest sexy lingerie in bed, of het plannen van verrassingsafspraken om je geliefde te laten zien hoe attent je bent. Deze kleine verrassingen voegen een verrassingselement toe zonder te ver buiten hun comfortzone te gaan.

Paren die zich te comfortabel voelen, kunnen gemakkelijk in de niet-praatzone terechtkomen, in de verwachting dat hun partner ze kan lezen zonder dat ze zelf iets hoeven te zeggen. Maar de realiteit kan vaak het tegendeel bewijzen!

Het begrijpen van jezelf kan voor anderen gemakkelijk zijn op basis van patronen en voorspelbaar gedrag, maar soms kunnen ze eenvoudigweg niet aan jouw verwachtingen voldoen. Wanneer dit gebeurt, worden communicatie en het uiten van uw gevoelens van het allergrootste belang; onderdruk gevoelens niet wanneer ze zich voordoen; druk ze in plaats daarvan openlijk uit! Als iets je diep of emotioneel heeft gekwetst en iemand nodig heeft om bij te zitten of hun hand vast te houden, laat het hem dan weten! Van hart tot hart is altijd de meest effectieve manier om contact te maken met degenen die het dichtst bij ons staan.

Als het uiten van emoties niet iets is waar uw partner zich prettig bij voelt, pas hem dan aan door zijn non-verbale signalen te leren en dwing hem niet te hard om zich te uiten. Na verloop van tijd zul je merken dat ze het waarderen dat je ze binnen hun comfortzone laat blijven.

De comfortzone van je partner is de ruimte waarin je hem of haar echt kunt zien zoals hij werkelijk is: zowel zijn sterke als zijn zwakke punten. Door te leren bij hen in deze zone te blijven, zul je hun persoonlijkheid gemakkelijker ontdekken en deze gemakkelijker leren interpreteren.

Kwetsbaar zijn

We hebben in dit boek uitgebreid over kwetsbaarheid gesproken en het is de moeite waard om te herhalen dat emotionele blootstelling je de kracht geeft om jezelf open te stellen voor ervaringen en liefde. Velen zijn bang om hun kwetsbaarheid te tonen, omdat ze denken dat ze hierdoor zwak overkomen – dit is gewoon niet waar! Dit is waarom.

Door uw ware zelf te delen met degenen die het dichtst bij u staan, toont u uw moed door gezien te worden voor wie u werkelijk bent en gezien te worden voor wie u werkelijk bent - waardoor u een gevoel van verbondenheid, liefde en authenticiteit creëert in relaties die er het meest toe doen.

Met de moed naar voren stappen om kwetsbaar te zijn, heeft veel emotionele voordelen. Door uzelf in situaties te plaatsen die u kwetsbaar maken, zoals door uzelf in situaties te plaatsen die uw moed op de proef stellen en testen hoe capabel u bent om met uitdagende scenario's om te gaan - waardoor u zelfvertrouwen opbouwt en tegelijkertijd uw veerkracht tegen obstakels versterkt.

Kwetsbaarheid tonen tegenover vrienden, partners en ouders kan empathie bevorderen. Door dit te doen, kunnen ze getuige zijn van jouw zwakke plekken die je vaak verborgen houdt voor anderen. Door deze kant voor hen open te stellen, kun je ze vertellen dat ze er meer toe doen dan alle anderen.

Naast het verbeteren van relaties met anderen, versterkt empathie ook de verbinding met jezelf. Door ongewenste of zwakke aspecten van jezelf te accepteren en deze te accepteren als onderdeel van wie je bent, vergroot empathie de zelfacceptatie en draagt zo bij aan het algehele welzijn.

Hieronder volgen enkele suggesties om u te helpen kwetsbaar te worden: * Sta open voor het nemen van risico's die tot afwijzing kunnen leiden. Communiceer eerlijk over wat u uit relaties wilt halen - met name uw verwachtingen en grenzen - samen met persoonlijke onderwerpen die u doorgaans niet met iemand anders bespreekt, zoals persoonlijke zaken die in gesprekken naar voren komen en het bespreken van fouten uit het verleden die in relaties zijn gemaakt.

* Bespreek incidenten die gevoelens van angst, schaamte of verdriet oproepen.

Tot nu toe hebben we slechts een paar manieren onderzocht waarop het accepteren van kwetsbaarheid iemand helpt groeien; het opent deuren voor verandering en bouwt tegelijkertijd aan flexibiliteit.

Verandering kan voor velen intimiderend zijn, omdat het inhoudt dat ze hun comfortzone moeten verlaten en zich op onbekend terrein moeten begeven. Daarom vereist dit proces veel werk; de eerste stap is het leren kwetsbaar te zijn. Stel je voor dat je probeert een ondefinieerbare slechte gewoonte, zoals overmatig eten, te doorbreken, wat een negatieve invloed heeft op je gezondheid, uiterlijk en budget. Om dat met succes te kunnen doen, moet je echter eerst de oorzaak ervan identificeren; Wat drijft jou überhaupt richting eten? Eet je om aan emoties, stress of angst te ontsnappen, of uit verveling? Om je verslaving aan voedsel te overwinnen, moet je eerlijk naar jezelf kijken. Het erkennen van je duistere gewoonten zal niet van de ene op de andere dag veranderen, net zoals hun gevoelens dat niet kunnen.

Verandering vereist eerlijke, niet-afbuigende zelfanalyse - en kwetsbaarheid is de toegangspoort tot dit alles!

Kwetsbaarheid kan je geest openen voor nieuwe perspectieven. De sleutel tot het verwelkomen van diverse standpunten en ideeën ligt in het accepteren dat je ervaringen niet alles verterend waren in het leven; Het tijdelijk opgeven van overtuigingen en waarden voor andere standpunten kan een uitdaging zijn; Toch helpt kwetsbaarheid je te zien dat er meer is dan jezelf, terwijl je gaat herkennen dat er mensen zijn die buiten je verlangens en behoeften leven en dat je alle perspectieven gelijkwaardig accepteert om betekenisvolle verbindingen te vormen met de mensen die daar wonen.

Er is een eeuwenoud gezegde: alles wat je in de wereld brengt, komt in een of andere vorm bij je terug. Dat geldt net zo goed als het om relaties of connecties gaat: wat je meebrengt, zal in natura op je terugkomen; Liefde, empathie, tolerantie en geduld zullen bijvoorbeeld vruchten afwerpen in de vorm van sterke en betekenisvolle verbindingen, terwijl omgekeerd.

Nu je begrijpt hoe mensen werken, is het tijd om al die kennis in praktijk te brengen! In deze sectie zullen we al je kennis goed gebruiken - het ontcijferen van zelfs de meest zorgvuldig bewaarde geheimen kan lastig zijn; hier zullen we onderzoeken wat mensen weggeeft, leugens snel ontdekken en de barrières doorbreken die mensen vaak tegen zichzelf opwerpen.

Bij het lezen gaat het erom aandacht te besteden aan de kleine details en observaties die vaak onopgemerkt voorbijgaan. Als ervaren mensenlezer kun je niet toestaan dat zelfs kleine verschillen, zoals neusbewegingen of nageltrekkingen, onopgemerkt blijven; Daarom is dit onderdeel bedoeld om u te leren hoe u deze microdetails kunt identificeren die helpen bij het maken van nauwkeurige beoordelingen.

Heb je ooit gezien hoe iemand eruit ziet als hij liegt? Helaas is er geen eenduidig antwoord, omdat elk individu verschillende indicatoren van liegen vertoont. Lichaamstaal, gezichtsuitdrukkingen, woordkeuze en gewoonten kunnen verraden of iemand liegt. Verbale en non-verbale signalen zoals deze kunnen helpen bij het identificeren van leugens versus waarheid - hoewel je de term basislijn zelf misschien niet herkent!

Het baseren van mensen geeft je de mogelijkheid om individuen te beoordelen op hun waarheidsgetrouwheid. Door een objectieve maatstaf te bieden waarmee we kunnen vergelijken en beoordelen of hun gedrag uit de toon valt, of eenvoudigweg indicatief is voor normaal gedrag.

Dus hoe kun je basisgedrag identificeren? Hier zijn drie eenvoudige stappen die u daarbij zullen helpen!

Stap 1: Begin met de handdruk.

Zoals ze zeggen: de eerste indruk blijft bestaan en je krijgt maar één kans om die eerste impactvolle uitspraak over iemand te doen. Beschouw dit ook als het ideale moment om iemands daden te beoordelen, aangezien de meeste ervan het meest positief zijn tijdens een eerste ontmoeting.

Verkopers en interviewers zijn bedreven in het gebruik van deze vaardigheid en creëren vaak al na één handdruk een positieve eerste indruk bij klanten of potentiële nieuwe medewerkers. Hun geheim? Veel aandacht besteden aan blik, stemkwaliteit en houding bij het begroeten van nieuwkomers met een introductiehanddruk.

Of het nu in een sociale of professionele situatie is, door de sociale signalen van mensen in de gaten te houden en mentale aantekeningen te maken, kunt u deze sneller beoordelen. Ook al kan dit soms opdringerig aanvoelen, weet dat al deze gegevens toch onbewust in onze geest binnenkomen; door bewust te proberen de aanwezigheid ervan te onthouden, kunnen we snel verbanden leggen in termen van gedrag.

Wanneer u iemand de hand schudt, let dan op hoe hij/zij in een natuurlijke omgeving over koetjes en kalfjes praat, grappen vertelt en op persoonlijke vragen reageert. Deze informatie kan helpen bij het vaststellen van een basislijn.

Stap 2: Stimuleer verschillende reacties door vragen te stellen.

De sleutel tot het creëren van een nauwkeurige basislijn is het verzamelen van de normale reacties van een individu in verschillende situaties - hoe hij of zij reageert als hij blij, verdrietig of verveeld is, zijn slechts voorbeelden - hoewel dit in alledaagse situaties zoals begrafenissen moeilijk kan zijn - hoewel er soms specifieke vragen worden gesteld om de reacties te peilen zou daar nader inzicht in kunnen verschaffen.

Vertonen David of Jane tekenen van ongemak als je 'nee' zegt? Trekt Kevin zijn wenkbrauwen op als hij met Taylor praat?

Jouw reacties in niet-bedreigende omstandigheden vormen de basis voor hoe deze persoon reageert in gevaarlijkere scenario's.

Oogbewegingen kunnen worden gebruikt als indicator voor afwijking van normaal gedrag. Volgens onderzoekers over de hele wereld houden degenen die zich bezighouden met oneerlijke activiteiten gewoonlijk oogcontact tijdens het spreken, hoewel hun patroon verschilt van normale omstandigheden - ze kunnen bijvoorbeeld naar beneden kijken of ergens anders kijken terwijl ze spreken; of eerst constant oogcontact vertonen, maar dan overschakelen nadat vragen of stressfactoren ervoor zorgen dat het plotseling verandert; Op dezelfde manier langzamer of sneller knipperen dan normaal kan dit ook een signaal zijn dat er iets verdachts aan de hand is.

Andere aspecten waar u op moet letten bij het uitvoeren van basislijnen zijn zittende en staande houdingen, stemsnelheid en toon, lachstijl, nerveuze tics, handgebaren en uitdrukkingen van opwinding en verrassing. Wat velen zich niet realiseren is dat hun gezicht vaak ware emoties verraadt met micro-expressies zoals korte glimlachjes of het optrekken van wenkbrauwen die slechts enkele milliseconden duren, maar precies laten zien hoe iemand zich werkelijk voelt - in tegenstelling tot lichaamstaal die gedeeltelijk door bewustzijn kan worden gecontroleerd. ervan.

Professionals zijn het erover eens dat emoties die tijdens gezichtsuitdrukkingen worden getoond niet altijd op schuld wijzen; soms willen ze gewoon niet uiten wat hen bezighoudt. Wanneer iemand deze symptomen vertoont, onderzoek dan verder door specifieke vragen te stellen over waarom hij of zij zich zo voelt.

Stap 3: Houd een mentaal overzicht bij van het uitgangsgedrag.

De laatste sleutel tot het oplossen van deze puzzel ligt in het onthouden van alles wat je mentaal waarneemt. Bewaar hun gedrag samen met eventuele aanvullende informatie, zoals het adres van uw partner, beroep of woonplaats, indien nodig - vooral als uw geheugen zwak is! Het verstrekken van dit extra detail kan ertoe bijdragen dat punten sneller met elkaar worden verbonden, terwijl andere details gemakkelijker kunnen worden opgeroepen; schrijf gewoon niet alles op, laat je hersenen het onthouden!

Heb je ooit een feest bijgewoond waar, terwijl je een boeiend verhaal van je werk aan een groep mensen vertelde, het enige dat je als reactie hoorde was: "Oh ja! Geweldig. Serveert ze garnalen?" en je energie verdween snel terwijl je je verhaal snel afrondde, zonder tevreden te zijn over hoe het was afgelopen?

Wat er gebeurde, was dat iemand maar half luisterde en een irrelevante vraag stelde die zowel je dialoog als je humeur doodde. Om een gesprek soepel te laten verlopen, moet u opletten en relevante vragen stellen. Hierdoor kunnen ze vrijer praten en kunt u er uiteindelijk een dieper inzicht in krijgen, waardoor u ze in ruil daarvoor beter kunt lezen. Het lijkt wel een domino-effect!

Uitnodiging is een van de fundamentele communicatiemiddelen; het informeert de aanwezigen dat het hun beurt is om te spreken en biedt suggesties over onderwerpen die ze kunnen onderzoeken.

Voorbeeld: vragen: 'Hoe was het laatste boek dat u hebt gelezen?' opent een uitnodiging voor een gesprek over dat specifieke onderwerp dat u in uw vraag hebt behandeld.

Deze uitnodigingen dienen als een essentieel vangnet als het gesprek van de baan raakt. Als je merkt dat je moeite hebt met het bedenken van gespreksonderwerpen, probeer dan een uitnodiging in de mix te gooien, vooral als het betrekking heeft op iets dat je eerder hebt besproken! Anders kan het geen kwaad om helemaal nieuwe onderwerpen te initiëren.

Uitnodigingen kunnen de vorm aannemen van vragen of stellingen. Wanneer u op vragen gebaseerde uitnodigingen gebruikt, zorg er dan voor dat u het taalgebruik ruimdenkend en herkenbaar houdt voor maximale respons.

Met deze open vragen kan de persoon tegenover u dieper ingaan in plaats van korte antwoorden te geven. Door bijvoorbeeld te vragen: 'Heb je een goede reis gehad?' zal waarschijnlijk resulteren in ja of nee antwoorden. Als u daarentegen vraagt: "Hoe was uw reis?" Mogelijk ontvangt u gedetailleerdere antwoorden waaruit blijkt dat u om de andere persoon geeft en die hem of haar motiveert om meer details over zijn of haar reis met u te delen.

Door interesse te tonen in het leren kennen van een ander, laat u uw eigen interesse zien. Dit creëert een versterkende band tussen jou en die persoon en stelt hen in staat zich meer open te stellen.

Net als bij het stellen van inzichtelijke vragen, toont het stellen van inzichtelijke vragen uw interesse. Door de klassieke regel 'show, don't tell' te volgen, laat u door scherpzinnige vragen te stellen mensen zien dat u om hen geeft - maar pas op dat u niet nieuwsgierig bent!

Vervolgens komt onze taak om goede en inzichtelijke vragen te stellen.

Als je dat laatste doet, krijg je niet veel inzicht in hun ware zelf, omdat zelfs zij niet zullen begrijpen waarom je geïnteresseerd bent. Ze gaan er misschien van uit dat jij meer om het weer geeft dan zij! Op dezelfde manier kun je door intieme vragen te stellen, zoals 'Wat is je diepste, donkerste verlangen?', ze ongemakkelijk maken en zo snel mogelijk aan je willen ontsnappen.

Begin klein en intuïtief. Naarmate uw vragen vorderen, kunt u geleidelijk aan meer intieme vragen stellen, terwijl u rekening houdt met het comfortniveau van de andere persoon. Als ze op enig moment last lijken te hebben van uw vragen of tekenen van ongemak vertonen, stop dan. Schakel in plaats daarvan terug naar minder opdringerige vragen totdat u toestemming krijgt om dieper te onderzoeken.

Voordat we echter te diep in iemands persoonlijkheid duiken, moeten we twee belangrijke overwegingen in gedachten houden.

Eerst en vooral gebeurt de overgang van een relatie van formeel naar intiem niet van de ene op de andere dag; het is eerder een geleidelijk proces dat meerdere gesprekken in de loop van de tijd vergt. In eerste instantie kunnen gesprekken gaan over onderwerpen op oppervlakkig niveau, zoals familie en hobby's; in de loop van de tijd kunnen deze zich uitbreiden tot persoonlijke discussies, zoals relaties uit het verleden of trauma uit de kindertijd.

Herinner jezelf eraan dat elk gesprek de kans biedt om een goede verstandhouding op te bouwen en meer inzicht in iemand te krijgen. Na verloop van tijd kunnen ze zich meer op hun gemak voelen bij het delen van persoonlijke gegevens over zichzelf.

Ten tweede: zorg voor vertrouwen. Als je iemand vraagt om intieme details van zijn leven te onthullen, wees dan bereid hetzelfde terug te doen. Het delen van details over uzelf zal een kanaal van vertrouwen tussen u beiden openen dat vertrouwen binnen elke relatie kan opbouwen.

Uitnodigingsvragen zijn geweldig om een dialoog op gang te brengen, maar op zichzelf volstaan ze niet. Gebruik dus vervolgvragen om de dialoog uit te breiden.

Simpel gezegd: iemand vragen stellen als: "Hoe voel je je erover?" of "Waarom zei je dat?" toont oprechte nieuwsgierigheid naar hun verhaal of boodschap en geeft hen de bevestiging dat hun gedachten door iemand worden gewaardeerd. Dit geeft je ook de kans om waarde te tonen door aandachtig te luisteren tijdens gesprekken die anders misschien te ongemakkelijk of saai voor je lijken.

De volgende keer dat iemand in vage termen praat, in plaats van alleen maar te knikken en snel verder te gaan, vraag je hem: 'Wat bedoelde je daarmee?' Om de gesprekken uit te breiden en zinvoller te maken, volgen hier enkele aanvullende ideeën:

* Wat ben jij van plan tegenwoordig, je zus/broer/echtgenoot? * Hoe verliep je dag - en wat was het meest opwindende deel? * Waarom maakte je zo'n attente opmerking? * Kunt u dit verder uitwerken en helpen begrijpen?

* Gelooft u dat uw gedachten over dit onderwerp zouden veranderen en uiteindelijk ook hun gedachten erover zouden veranderen?

Voordat u elke vraag beantwoordt, geeft u de ander de tijd en ruimte om te reageren, zonder hem tijdens het antwoord te onderbreken. Luisteren is de sleutel om iemand beter te leren kennen!

Einstein adviseerde ooit: 'Twijfel aan alles'. Het stellen van inzichtelijke vragen aan degenen met wie we omgaan helpt bij het creëren van efficiënte interacties, het opbouwen van vertrouwensrelaties en het vormen van betekenisvolle banden.

Hoe vaak heb je gedacht: "Ik heb er genoeg van. Ze liegen altijd!"? Of het nu gaat om een mislukte relatie of een mislukte baanpromotiebelofte, liegen is altijd teleurstellend en kan ervoor zorgen dat we ons oordeel in twijfel trekken en vertrouwen krijgen in mensen die we ooit steeds minder vertrouwden. Wat als er een uitweg is? In dit hoofdstuk krijgt u hulpmiddelen waarmee u uw eigen menselijke leugendetector kunt worden, zodat u verdachte signalen snel kunt herkennen en leert alleen betrouwbare personen te vertrouwen.

Eerlijk gezegd liegen de meeste mensen wel eens. Soms zijn het misschien kleine leugentjes om bestwil, zoals: "Nee lieverd, die jurk laat je er niet dik uitzien!" maar in andere gevallen kunnen leugens meer voor de hand liggend zijn, zoals: "Mijn moeder was ziek, daarom was ik vandaag te laat", of ronduit misleidend, zoals: "Ik heb geen affaire; ik heb weer de hele nacht op het werk gezeten".

De meeste mensen zijn echter slecht in het herkennen van leugens, waardoor ze misleid worden. Uit een onderzoek naar dit gebied bleek dat slechts 54% van de deelnemers onwaarheden correct kon ontdekken.[16]

Gedragsverschillen tussen individuen die liegen en degenen die de waarheid vertellen, kunnen moeilijk in te schatten zijn, omdat er geen duidelijke tekenen zijn die het mogelijk maken een van beide groepen te identificeren; subtiele indicatoren kunnen echter helpen de een van de ander te onderscheiden. Zoals eerder in een ander hoofdstuk vermeld, zijn afwijkingen ten opzichte van het uitgangsgedrag een andere indicator van liegen.

Het is echter essentieel om te erkennen dat leugendetectie sterk afhankelijk is van het vertrouwen op je gevoel. Door te weten op welke signalen u moet letten en door te leren hoe u deze met uw kennis en instinct kunt interpreteren, wordt leugendetectie veel eenvoudiger voor u.

Psychologen en onderzoekers uit meerdere sectoren hebben uitgebreide onderzoeken uitgevoerd naar bedrog en lichaamstaal om leden van de wetshandhaving te helpen fraudeurs en leugenaars sneller en nauwkeuriger op te sporen. Het resultaat van dit onderzoek heeft verschillende mogelijke alarmsignalen aan het licht gebracht die op bedrog kunnen duiden:

* Opzettelijk vaag zijn door vrijwillig minimale details te vermelden; Niet in staat zijn om details te geven over een gebeurtenis of incident

Herhalen van zinnen of vragen bij het beantwoorden van specifieke vragen; Praten in zinsfragmenten.

* Vertoont verzorgingsgedrag zoals het drukken van de vingers op de lippen of het manipuleren van haarlokken

Zoals met al het andere geldt, geldt ook voor leugendetectie dat oefening baart kunst. Het lezen van onderzoek en het leren van verhalen kan je slechts tot nu toe brengen; Om leugendetectie echt onder de knie te krijgen, moet je goed opletten en 100% bewust zijn.

Daarom richten we onze aandacht nu op indicatoren of signalen waar u op moet letten als u een bedrieger probeert te herkennen.

Zorg er allereerst voor dat u weet op welke signalen u moet letten. Terwijl mensen vertrouwen op geldige signalen om leugens te detecteren, kan hun betrouwbaarheid als leugenindicator beperkt zijn. Enkele veelvoorkomende signalen van misleiding die mensen waarnemen zijn:

* Onverschilligheid tonen: wanneer iemand probeert emotioneel neutraal te blijven door zijn expressie te onderdrukken en geen aanwijzingen te tonen, kan hij of zij een gebrek aan expressie tonen, een onbewogen houding aannemen of zijn schouders ophalen als een manier om niet te veel informatie prijs te geven.

* Vocale incoherentie: Als een spreker onzeker over zichzelf lijkt en tijdens het spreken begint te mompelen of stamelen, kan dit komen doordat zijn hersenen niet snel genoeg kunnen denken om hun leugens te verbergen.

* Overdenken: wanneer iemand de waarheid lijkt te willen verdraaien, kan overdenken vaak het gevolg zijn. Met de juiste kennis van op welke signalen u moet letten en het vermogen om in een bepaalde situatie effectief uw oordeel te gebruiken, kan begrip veel eenvoudiger worden.

Ten tweede: vertrouw niet uitsluitend op lichaamstaal. De meeste leugendetectieboeken en blogs pleiten ervoor om uitsluitend te focussen op lichaamstaal – de subtiele veranderingen in gedrag en fysieke signalen die onthullen wie oneerlijk is – om bedriegers te vangen. Onderzoek wijst er nu echter op dat lichaamstaalsignalen kunnen helpen bij het opsporen van leugens, maar dat dit niet altijd betrouwbare indicatoren voor bedrog zijn.

Howard Ehrlichman, een onderzoekspsycholoog, ontdekte dat veranderingen in oogbewegingen niet altijd op liegen duidden; ze kunnen eenvoudigweg worden veroorzaakt door het ophalen van informatie uit het langetermijngeheugen of door te diep na te denken.[17]

Uit deze en andere onderzoeken kan worden geconcludeerd dat lichaamstaal, hoewel vaak accuraat, niet altijd de beste indicator voor liegen is. Het kennen van iemand en zijn of haar gedragspatronen geeft een voorsprong bij het onderscheiden van leugens en basisgedragspatronen.

Ten derde: vraag hen om hun verhaal achterstevoren te vertellen! De theorie achter deze oefening is dat non-verbale en verbale signalen die waarheid van leugens onderscheiden prominenter worden naarmate de cognitieve belasting toeneemt – dit komt omdat liegen een uitputtend proces is in vergelijking met het vertellen van de waarheid – vandaar dat mensen zeggen: 'als je de waarheid vertelt, hoef niet alle details te onthouden".

Opzettelijke leugens zijn cognitief uitdagendere activiteiten; degenen die zich hieraan schuldig maken, hebben veel mentale middelen nodig om eventuele aanwijzingen te verbergen die hun leugens zouden kunnen verraden, waarbij ze zowel hun eigen gedrag als dat van de luisteraars in de gaten houden. Het kost moeite om geloofwaardigheid vast te stellen en anderen van hun verhaal te overtuigen, maar in combinatie met de eis om het achterstevoren te vertellen, kun je eventuele scheuren in hun verhalen of discrepanties in gedrag gaan ontdekken. Onderzoek heeft deze theorie onderbouwd. Als een verhaal weinig details bevat, of volledig verzonnen is, onthoud dan welke details de eerste keer werden herhaald! Als je dit doet, kun je onderscheid maken tussen leugens en waarheid.

Zoals eerder besproken: vertrouw op je instinct! Zoals eerder aangegeven kan het volgen van je gevoel je grootste wapen zijn tegen leugendetectie. Talrijke onderzoeken hebben bewezen dat interne onbewuste indicatoren effectiever zijn dan bewuste strategieën bij het opsporen van bedrog. Mensen beschikken over intuïtieve, onbewuste gegevens die helpen bij het herkennen van bedrog als we er aandacht aan besteden.

Hoewel instincten zeer betrouwbaar kunnen zijn, missen mensen vaak de vaardigheid of het vermogen om ze nauwkeurig te gebruiken en blijven ze kwetsbaar voor bedrieglijk denken. Helaas kunnen bewuste gedachten of reacties automatische associaties verstoren - in plaats van te vertrouwen op je onderbuikgevoel, beginnen je bewuste gedachten patronen of stereotiepe acties te analyseren en uiteindelijk jezelf ertoe aan te zetten er helemaal niet meer op te vertrouwen. Als u uzelf goed genoeg kent, kunt u instinctieve reacties herkennen, zonder de nadruk te leggen op gedrag dat leidt tot twijfel aan uzelf en waardoor u zich af en toe afvraagt of het zou kunnen werken!

Observeer ten slotte de verandering in het vertrouwensniveau. Door op te letten zul je zien dat de stijl van een potentiële bedrieger verandert als hij ermee wordt geconfronteerd; de meeste leugenaars voelen zich veilig binnen hun beperkte leugenzone, waar ze het gevoel hebben de controle te hebben; Maar als iets iets wat ze zeggen in twijfel trekt, kan dit ertoe leiden dat ze de controle verliezen en daardoor het vertrouwen aanzienlijk verlagen.

Naarmate ze zich onder druk gaan voelen, merk je misschien dat ze hun verhaal veranderen of inconsistente antwoorden geven over bepaalde gebeurtenissen, grilliger worden in hun antwoorden en de manier veranderen waarop ze deze beschrijven. Door op deze gedragsveranderingen te letten, kun je hiaten in hun verhaal ontdekken en hun ware bedoelingen identificeren.

Houd er rekening mee dat het moeilijk kan zijn om te bepalen of iemand voor u de waarheid vertelt of verhalen verzint; misschien zijn ze bedreven in het verbergen van informatie, of kan uw vertrouwen het voor u moeilijk maken om iets verkeerds te ontdekken. Maar de hierboven geschetste tekenen en indicatoren kunnen verraden dat iemand iets voor u verborgen houdt.

De volgende keer dat u iemands eerlijkheid moet beoordelen, let dan goed op eventuele subtiele aanwijzingen die verband houden met leugens. Verhoog indien nodig de druk door het voor hen rationeel belastend te maken om hun verhaal te vertellen. Door deze praktijken in stand te houden en deze tips ter harte te nemen, kunt u degenen die oneerlijk tegen u zijn, snel uit uw leven verwijderen.

Hoe kun je zien of iemand liegt door weglating? Hoe kun je vaststellen of iemand liegt door nalatigheid? Als iemand niet expliciet liegt maar in plaats daarvan slechts een deel van de waarheid presenteert, wordt dit dan beschouwd als liegen of eenvoudigweg communiceren? Liegen door nalatigheid is een slimme tactiek om te voorkomen dat je alles vertelt wat er is gebeurd; voor registratiedoeleinden moet het als liegen worden beschouwd, omdat het de ontvanger ervan verhindert een nauwkeurig begrip te krijgen. Een kind kan u bijvoorbeeld vertellen dat hij het ijs pas in de vriezer legt en er later weer uit komt en het allemaal zelf opeet; Voor alle duidelijkheid: dit moet worden geclassificeerd als liegen, omdat het de ontvanger van informatie verhindert alle kanten te zien. Een kind kan bijvoorbeeld zeggen dat hij ijs in de vriezer heeft gelegd, maar vervolgens niet vermeldt dat hij het er later uit heeft gehaald, in plaats van hem volledig over alle feiten te vertellen, zoals het er later uithalen en het later opeten als het ijs er later uit is gekomen. mogelijk door u gevraagd.

Hun antwoord gaf u echter niet voldoende details als uw vraag luidde: "Waar is het ijs gebleven?"; ongeacht hoe accuraat hun verhaal ook was.

Het probleem van liegen met het weglaten van leugens is dat de meeste mensen die het gebruiken het niet als liegen beschouwen, en daarom niet zo terughoudend zijn of de typische tekenen vertonen dat iemand een onwaarheid vertelt. Om volledig te begrijpen waarom iemand liegt, moeten we hun motivatie kennen; Mensen kunnen belangrijke informatie achterhouden uit schaamte, schuldgevoel of angst, maar omdat ze terughoudend zijn om volledige leugens te vertellen, kan het voor onderzoekers gemakkelijker zijn om achter de waarheid te komen als iemand belangrijke details achterwege laat in gesprekken.

Zoek naar signalen dat iemand zich ongemakkelijk voelt bij het bespreken van een belangrijk onderwerp. Klinken ze vaag, nemen ze te veel pauzes, vermijden ze oogcontact? Stel specifieke vragen voor duidelijkheid om mensen te dwingen bewuste beslissingen te nemen over het wel of niet delen van specifieke details, waardoor je je niet langer kunt verschuilen achter 'Ik lieg niet', waardoor je gemakkelijker de hele waarheid te weten kunt komen dan wanneer iemand vrijuit liegt zonder aarzeling. Zelfs als iemand liegt, zullen de signalen ervan waarschijnlijk gemakkelijker te detecteren zijn dan bij iemand die herhaaldelijk liegt zonder aarzeling.

Heb je ooit iemand ontmoet waarbij je je meteen ongemakkelijk voelde, maar je niet kon onderkennen waarom hij of zij je ongemakkelijk leek? Leek er iets mis in de manier waarop ze naar je keken, maar konden ze niet precies vaststellen wat? Hebben ze je een ongemakkelijk gevoel gegeven, maar kon je er niet de vinger op leggen waarom ze er zo uitzagen? Als dit u bekend in de oren klinkt, kan hoofdstuk 22 de oplossing bieden: Nauwkeurigheid verwerven bij het dun snijden.

"Er voelde iets niet helemaal goed." U zult merken dat u tevergeefs probeert uit te leggen aan uw partner waarom u die specifieke tandarts niet voor tandheelkundige ingrepen heeft gekozen of waarom u een indrukwekkende baanaanbieding hebt afgewezen.

Dagelijks komen we in contact met verschillende mensen; sommige kennen we nauwelijks en andere laten een blijvende indruk achter. Misschien herinnert u zich iemand die u kort in een park hebt ontmoet als warm of vriendelijk, terwijl een andere vreemdeling misschien opvalt als onbeleefd of raar.

Zijn al onze aanvankelijke oordelen ongerechtvaardigd en te wijten aan onze eigen vooroordelen? Misschien niet! Misschien zijn de eerste indrukken van belang omdat ze iets over iemand onthullen dat onze bewuste geest eenvoudigweg nog niet kan bevatten. Dit vermogen om snelle maar nauwkeurige aannames over mensen te doen, staat bekend als 'thin slicing'.

Eerste indrukken of oordelen over iemands persoonlijkheid ontstaan niet alleen door toeval; ze worden feitelijk gecreëerd door ons onderbewustzijn, dat informatie veel sneller verwerkt dan we beseffen! Waarom kunnen sommigen van ons betere oordelen vellen dan anderen, vraagt u zich af?

Wat degenen die nauwkeurige oordelen maken onderscheidt van degenen die dat niet doen, is hun vertrouwen in hun 'intuïtie'. Ze luisteren naar wat hun gevoel hen vertelt en ontwikkelen deze vaardigheden door bewuste inspanning.

Thin slicing kan wetenschappelijk worden gedefinieerd als het vermogen om weloverwogen beslissingen te nemen op basis van kleine stukjes informatie. Meerdere experimenten hebben bewezen dat onze conclusies over iemand consistent zijn, ongeacht hoe lang we met hem of haar praten - van vijf seconden tot vijf minuten![18] Ons onderbewustzijn neemt subtielere eigenschappen van iemand waar, zoals knipperende oogleden, stijve houdingen, glimlachen of gebaren die de neiging hebben om glippen langs ons heen zonder dat onze bewuste geest het merkt.

Kan dat niet geweldig zijn? Het kan zo accuraat zijn om nauwkeurig aannames over iemand te doen op basis van slechts een verklaring of een microkenmerk.

Dus waarom zijn we tot nu toe niet bedreven in het lezen van gedachten bij mensen? Meestal omdat ze deze oordelen niet kunnen verwoorden. Als we niet genoeg details binnen handbereik hebben, betekent dit dat deze non-verbale decodering plaatsvindt zonder dat we het ons zelfs maar realiseren, waardoor eerste indrukken zo belangrijk zijn, ondanks dat ze de werkelijkheid niet weerspiegelen, maar in plaats daarvan fungeren als signalen van ons onderbewustzijn dat ze antwoorden voor ons kunnen bevatten.

Als mensen zijn we geprogrammeerd om binnen bepaalde grenzen alleen onszelf te vertrouwen. Negatieve vooroordelen voorkomen dat we onszelf te sterk vertrouwen. Je denkt misschien bij jezelf: 'Dit klinkt allemaal geweldig; Maar als ik vollediger op mijn gevoel had vertrouwd, zou ik dit boek niet hebben gekocht!"

Ik begrijp je dilemma; Te vaak op mijn gevoel vertrouwen leidde me op een weg van gokverliezen! En hoewel ik er geen voorstander van ben om je oordeel te laten leiden door je onderbewustzijn, zijn onze hersenen veel slimmer dan we denken! Wist je dat onze hersenen elke seconde 11 miljoen stukjes informatie kunnen verwerken? Toch lijkt onze bewuste geest slechts 40 tot 50 bits te kunnen verwerken. [19] Dat is een enorme kloof tussen wat onze hersenen daadwerkelijk aankunnen en wat we denken dat ze aankunnen; Hoewel we misschien maar een schamele 50 bits verwerken, heeft ons onderbewuste brein al meningen waargenomen, afgeleid en gevormd die veel nauwkeuriger zijn dan alles wat ons bewuste bewustzijn ons ooit zou kunnen bieden.

Relatief gezien heeft ons onderbewustzijn uitstekend werk verricht bij het verwerken van informatie; helaas erkennen we de inspanningen ervan niet genoeg. Stel je voor dat we ons onderbewustzijn meer zouden vertrouwen bij het maken van oordelen; er is misschien geen andere vaardigheid nodig om toegang te krijgen tot de hersenen van mensen!

Het ontdekken van de kunst van het dun snijden vereist dat we onze onderbewuste gedachten herkennen en onze intuïtie correct interpreteren. Begraaf die kleine oordelen niet die onopgemerkt voorbij kunnen gaan. Als je iemand een label geeft, vraag jezelf dan af waarom en denk beter na: was het hun gewichtsverschuiving van been naar been of beten ze op hun lip vlak voordat ze iets zeiden?

Hoe krachtig ons onderbewustzijn ook is, het kan ook in botsing komen met bewuste vooroordelen en tot ongelukkige beslissingen leiden. Daarom vertrouwt niet iedereen uitsluitend op zijn gevoel bij het nemen van beslissingen - de potentiële macht ligt in ons allemaal, deze moet alleen worden ontsloten en op de juiste manier worden benut.

Thin slicing houdt in dat je met minimale informatie meer over iemand te weten komt. Hun manieren, lichaamstaal, handschrift en kleding onthullen allemaal veel over hen, als ze maar zorgvuldig worden geobserveerd en zich bewust zijn van het onderbewustzijn. Volgens Malcolm Gladwells bestverkochte boek Blink houdt dun snijden in dat je gebruikmaakt van je 'adaptieve onderbewustzijn'. Terwijl bewuste geesten op bewijs gebaseerde beoordelingen gebruiken wanneer ze hun conclusies over mensen of gebeurtenissen trekken op basis van uitsluitend bewuste observatie, gebruikt het adaptieve onbewuste beoordelingen met op zijn best zeer kleine stukjes bewijs als bron.

Terwijl we dit ambacht van dunne plakjes informatie oefenen en perfectioneren, hangt ons succes af van de mogelijkheid om te oefenen en te leren met elke ervaring die we opdoen. Door gebruik te maken van uw onderbewustzijn en informatie te filteren in plaats van beoordelingen, kunt u anderen beter begrijpen en hun gedrag voorspellen.

John Gottman, een gewaardeerde Amerikaanse psycholoog, voerde een diepgaand onderzoek uit waarbij meer dan 3.000 paren betrokken waren om wat bekend is geworden als het 'liefdeslaboratorium' te ontwikkelen. Via deze methode van informatieverzameling en -disaggregatie concludeerde Gottman dat je de toekomst van het huwelijk kon voorspellen door relevante gegevens in dunne plakjes te snijden - niet alleen door ze allemaal te verzamelen, maar ook door de relevantie ervan te begrijpen. Deze theorie was niet alleen gericht op het verzamelen van feiten, maar ook op het bepalen welke informatie het meest relevant was.

En dat is precies wat jij ook zou moeten doen. Je onderbewustzijn zal miljoenen stukjes gegevens ontvangen, maar je bewuste geest moet nu beslissen welke informatie belangrijk of irrelevant is; hierin ligt de waarde van de kennis die in andere delen van het boek wordt geboden; gebruik de tools om te onderscheiden welke acties, woorden en indicatoren uw aandacht vereisen en welke niet relevant zijn om mensen beter te begrijpen.

Gottmans theorie suggereert dat we ons moeten concentreren op vluchtige gezichtsuitdrukkingen en dialogen die triviaal lijken, zonder al te veel aandacht op zichzelf te vestigen. Hoewel het niet onmiddellijk resultaat zal opleveren, is oefening nodig in het herkennen van patronen – je moet mensen identificeren die liegen, hun emoties goed bewaken of zich verschuilen achter extravert gedrag – zodat naarmate de tijd vordert je bewuste en onderbewuste geest naadloos op elkaar zullen aansluiten en berekende gedachten mogelijk zullen maken. inschattingen van wat er in iemands geest omgaat. [23]

Soms proberen we allemaal te ontcijferen wat iemand bedoelt als hij uitdrukkingen gebruikt als 'Het kan me niet schelen' of 'Waarom denk je dat het ertoe doet' of 'Het gaat goed met mij'; deze kunnen aanvoelen als tikkende bommen waarbij je snel de ware bedoeling ervan moet achterhalen voordat er blijvende schade aan relaties wordt toegebracht! Je merkt dat je zou wensen dat je je jaren geleden had aangemeld voor die telepathieworkshop!

Een interpretatie kan vaak moeilijk zijn, vooral als ze geen woorden gebruiken om hun ideeën rechtstreeks over te brengen. Woorden zijn slechts een deel van het plaatje - om het schip te redden moet je naar de bodem van de oceaan gaan om te lokaliseren waar monsters op de loer liggen - dit is waar het tussen de regels door lezen om draait!

Tussen de regels door lezen is een kunst die zelfs de nauwste relaties kan redden. Het vereist begrip dat weinig ruimte laat voor uitleg en u in staat stelt de ideale omgeving te creëren voor zinvolle en productieve dialogen. Betekenis gaat vaak verder dan woorden alleen. Daarom spelen punten, komma's en uitroeptekens zo'n essentiële rol bij het overbrengen van hun betekenis.

Tekenen die mensen afgeven om hun ware emoties te onthullen, kunnen vaak verkeerd worden geïnterpreteerd als onschuldige gebaren; maar deze signalen moeten altijd serieus worden genomen als indicatoren dat wat mensen zeggen een onderliggende betekenis heeft; Zo kunnen woorden als 'Ik wil altijd bij je zijn' lijken op een liefdesverklaring, maar in combinatie met andere waarschuwingssignalen in een onzekere relatie kunnen ze duiden op misbruik of manipulatie.

Zoals je kunt verwachten in een omgeving die wordt bewoond door meer dan 8 miljard individuen met hun individuele gedachten en persoonlijkheden, kan één zin niet hetzelfde betekenen wanneer deze door verschillende mensen in verschillende contexten wordt uitgesproken. Je moet beter luisteren om te begrijpen wat een ander probeert over te brengen. Volgens Gary Wong, een gewaardeerd vastgoedbelegger en coach, hebben we twee oren maar slechts één mond, dus luisteren moet voorrang krijgen op spreken[23]. Wees open voor wat mensen je vertellen, terwijl je diep begrijpt wat hun bedoelingen zijn als ze hun taal spreken.

Een effectieve strategie om u te helpen tussen de regels door te lezen, is even wachten voordat u zich uitspreekt. Als u zich haast om te antwoorden, kan dit betekenen dat u de tijd misloopt om te begrijpen wat er feitelijk is gezegd; en als uw gesprekspartner hetzelfde doet, kan hun boodschap gemakkelijk verloren gaan door misverstanden en slechte communicatie.

Wanneer iemand uitdrukkingen gebruikt als 'Ik weet het niet' of 'Ik ben onzeker', kom dan niet overhaast met uitleg zodra hij/zij zegt iets niet te begrijpen; geef hem/haar in plaats daarvan de ruimte en beoordeel andere indicatoren om winst te behalen. een vollediger beeld van hun boodschap.

Tussen de regels door lezen vereist goed luisteren en rekening houden met de context, persoonlijkheid en situatie bij het lezen van een verhaal. Een auteur communiceert vaak niet direct wat zijn personages proberen uit te drukken, maar geeft in plaats daarvan situaties en aanwijzingen over wat er met hen aan de hand kan zijn. De lezer kan deze indicator die het personage geeft gemakkelijk herkennen.

Hier is een fragment uit een verhaal:

Haar handpalmen zweetten toen ze voor de vijfde keer binnen een uur op de klok keek, wetende dat hij rond acht uur zou aankomen. Terwijl elke seconde dichter en dichter richting acht tikte, voelde ze haar knieën zwakker worden en haar vuisten zich samenspannen in afwachting van zijn komst. .

'Schat,' vroeg haar man aan de andere kant van de kamer. Ze antwoordde eenvoudig. "Het gaat goed met mij; ik heb het gewoon koud", was het enige wat er werd gezegd zonder oogcontact met hem te maken. Toen haar deurbel ging, hurkte ze dieper in de bank, met haar knieën stevig tegen haar borst gedrukt, in afwachting van een ongemakkelijke ontmoeting tussen haar man en zijn vriend.

Heeft de auteur aangegeven dat hun karakter verontrustend was, maar leidde u dit af uit haar lichaamstaal en de passage? Toen ze zei: 'Het wordt een lange, koude nacht', kon je zien dat het niet alleen over het weer ging? De kans is groot dat dit op natuurlijke wijze is gebeurd, omdat een auteur uw aandacht rechtstreeks vestigt op hoe een personage in elke tekstparagraaf reageert.

Bij interactie met echte mensen is het echter vaak moeilijk om precies vast te stellen wat er aan de hand is, zelfs als er iets niet klopt. Vertrouw je instinct; ook al is de bron op het eerste gezicht onduidelijk. Maak een mentale notitie om nog eens te herhalen wat er is gezegd - bijvoorbeeld als een van je broers en zussen of goede vrienden terloops vermeldt dat hij om zes uur thuis is, omdat 'Sam zich zorgen maakt als ik te laat kom'.

Hoe informeel het gesprek ook lijkt, er zit iets mis mee. Misschien was het haar manier om voortdurend de tijd te controleren of haar gehaaste toon; of het kunnen eenvoudigweg woorden zijn die zijn gekozen zonder rekening te houden met context of toon.

'Ik moet weer thuis zijn' klinkt meer als een ultimatum dan als een uiting van bezorgdheid, wat erop zou kunnen wijzen dat ze een ongezonde relatie heeft met haar partner; Misschien zijn ze zich geen van beide bewust van het emotionele misbruik dat ze ervaren onder de naam liefde en zorg. Door te kunnen detecteren wat de ander probeerde te communiceren, kunnen we verder kijken dan wat er direct werd gecommuniceerd.

Concentreer u op wat niet werd gezegd (de stiltes en pauzes) om meer begrip te krijgen. Stilte kan boekdelen spreken; bijvoorbeeld als uw kind plotseling stil wordt als hem wordt gevraagd naar zijn schooldag; op dezelfde manier kunnen woorden die ze besloten niet te zeggen, duiden op problemen waar aandacht aan moet worden besteed tijdens andere aspecten van de communicatie. U kunt dezelfde strategie toepassen wanneer u in gesprek gaat met iemand van wie u een dieper inzicht wilt krijgen.

Welke vragen of onderwerpen ze vermijden om te bespreken; wanneer ze te lang pauzeren tussen het spreken; verandert hun toon bij het bespreken van bepaalde mensen of gebeurtenissen; Deze observaties helpen je om ze als individu beter te begrijpen en om gesproken woorden met meer diepgang te begrijpen.

Net zoals wanneer je met kinderen over school praat, wanneer je communiceert met mensen die niet gemakkelijk informatie delen of mensen die liever onduidelijke woordenschat gebruiken. Uw vragen en antwoorden moeten zorgvuldig worden gestructureerd voor maximale impact en efficiëntie.

Zorg ervoor dat je dit allemaal in de juiste context doet; Houd altijd rekening met de situatie, omgeving en omstandigheden wanneer u iemand observeert. Wees op uw hoede als iemand afstandelijk klinkt vanwege afleiding van de omgeving. Of ze kunnen stil worden tijdens gesprekken over bepaalde gebeurtenissen - niet omdat ze iets willen verbergen, maar vanwege desinteresse of afleiding van wat er werd besproken.

Net zoals het begrijpen van iemand anders tijd, consistentie en begrip vereist, geldt dat ook voor het begrijpen van wat iemand tussen de regels door zegt. Het ontleden van elk woord en het stilzwijgen van moment tot moment zou de zaken alleen maar verder verwarren; je hoeft alleen maar aanwezig en oplettend te zijn bij het luisteren en alles wat je hoort mentaal te beoordelen voordat je conclusies trekt over de mogelijke interpretaties ervan.

Het TedTalk-publiek is niet alleen getuige van briljante ideeën die tijdens TedTalk worden gepresenteerd. Motivators en beïnvloeders die slagen, zijn niet noodzakelijkerwijs degenen met geweldige gedachten; zij zijn degenen die begrijpen hoe ze deze effectief kunnen presenteren - door middel van toon- en toonhoogteoefeningen, een categorische structuur van toespraken of zelfs het gebruik van media-aandacht voor maximaal effect. Spreken in het openbaar houdt in dat je onder de knie krijgt hoe je dingen zegt, in plaats van alleen na te denken over wat er gezegd moet worden. Sprekers in het openbaar leren de kunst van het overtuigen om hun publiek voor zich te winnen.

Sprekers in het openbaar gebruiken vaak spraakpatronen om hun inhoud te structureren voor een maximaal effect. De selectie van deze patronen hangt af van de onderwerpen, het publiek en het hoofddoel van hun toespraak - met andere woorden: gesprekken moeten hun ware doel dienen als dat hun doel is! Wanneer u met een nieuw iemand spreekt, zorg er dan voor dat uw doel duidelijk is, zodat u gefocust kunt blijven bij het monitoren van de reacties van die persoon. Lezen van mensen mag niet gepaard gaan met het verzamelen van irrelevante details over anderen.

Versnellen
In een onderzoek van het Institute of Social Research van de Universiteit van Michigan zijn 1.400 pogingen onderzocht van bellers die mensen probeerden over te halen om deel te nemen aan een enquête, waarbij gebruik werd gemaakt van één telefoontje per beller per overredingspoging. [24] De resultaten gaven aan dat degenen die te snel spraken zonder te pauzeren er niet in slaagden anderen te overtuigen; onderzoekers onderzochten de spreekvaardigheid, spreeksnelheid en toonhoogte van bellers wanneer ze anderen probeerden te overtuigen; Tot de succesvolle overreders behoorden mensen die ongeveer 3,5 woorden per seconde spraken – een redelijk hoge snelheid bij het overtuigen van anderen; [26]

Neem de juiste pauzes
Voor maximale invloed bij het beïnvloeden van iemand zijn vier tot vijf pauzes per minuut ideaal bij het beïnvloeden van iemand. Deze pauzes stellen de andere persoon in staat om over uw bericht na te denken voordat hij reageert en tonen uw respect voor hun gedachten en overtuigingen, terwijl u niet bang bent om hun mening over uw bevindingen in de loop van de tijd te laten ontwikkelen - waardoor het vertrouwen tussen u en hen toeneemt.

Prosodie (de klemtoon, intonatie van spraak en ritme) is een integraal onderdeel van effectieve spraakoverdracht, maar te veel prosodie kan averechts werken en ernstig averechts werken. Wat we zeggen kan verschillend worden waargenomen, afhankelijk van

de manier waarop het wordt overgebracht. Zorg er dus voor dat de toon en het ritme op
de juiste manier worden gebruikt, zodat wat je zegt precies overkomt zoals bedoeld; te
veel kan een wantrouwend publiek achterlaten; probeer niet geanimeerd te klinken bij het
maken van zinnen.

Gebruik spraakpatronen voor succes

Er zijn verschillende spraakpatronen die men kan gebruiken, afhankelijk van hun
doelen bij het spreken in het openbaar, waarbij verschillende keuzes van invloed zijn op
hoe succesvol hun boodschap zal worden overgebracht. Hieronder staan enkele populaire
spraakpatronen voor openbare sprekers bij het maken van toespraken.

Actuele of logische benadering: Wanneer u meerdere ideeën overbrengt die met elkaar
verband houden, is het vaak de beste aanpak om informatie logisch te organiseren, zodat
deze van onderwerp naar onderwerp stroomt zonder dat het lijkt alsof u tussen
onderwerpen springt zonder overtuigende argumenten te geven.

Chronologisch: Chronologische informatieorganisatie werkt het beste wanneer
gegevens een ordelijke voortgang moeten volgen, zoals het vertellen van een verhaal. Als
je bijvoorbeeld over de uitkomst van een project wilt praten, zal het structureren van
gebeurtenissen in chronologische volgorde voor meer duidelijkheid meer voordeel
opleveren.

Oorzaak en gevolg: Zoals de naam al aangeeft, zou deze informatie worden
gepresenteerd met behulp van oorzaak-gevolgrelaties. Als u bijvoorbeeld problemen op
het werk bespreekt, kunt u beginnen met het uitleggen van de oorzaak en vervolgens
beschrijven hoe dit van invloed is op de productiviteit.

Probleem en oplossing: Net als oorzaak en gevolg worden probleem en oplossing
gebruikt als een effectief middel om anderen ervan te overtuigen acties te ondernemen
die nodig zijn om specifieke problemen op te lossen. Het is een effectieve methode om
luisteraars ervan te overtuigen hoe ze het beste een bepaalde uitdaging of obstakel
kunnen oplossen.

Spraakpatronen kunnen helpen ideeën en gedachten duidelijk over te brengen.
Mensen vinden het leuk om bekende patronen te horen die ze herkennen en die ze
gemakkelijker accepteren; gedesoriënteerde informatie resulteert vaak in wantrouwen
tussen de betrokken partijen, dus als u tijd investeert in de manier waarop u uw
boodschap overbrengt, vergroot u zowel de geloofwaardigheid als de invloed op mensen.

Het gebruik van een effectief spraakpatroon is van cruciaal belang om informatie op
een licht verteerbare manier te verstrekken en uw invloed op iemand te vergroten. Uw
doelgroep zal u zien als een gezaghebbend en logisch individu dat zij meer kunnen
vertrouwen en die zij vrijer kunnen uiten over hun ideeën en gevoelens.

We vormen vaak een sterke band met iemand, uitsluitend gebaseerd op het gevoel dat hij of zij ons geeft. 'Ik weet niet waarom ik je dit allemaal vertel; meestal ben ik minder open.

Wat is 'vibe' precies, en hoe kan het mij helpen verbinding te maken met iemand? Simpel gezegd is sfeer gewoon goede energie die een positieve invloed kan hebben. Het is niet nodig om affirmaties te geven of ongecontroleerd te knikken; het enige dat nodig is om verbinding te maken is een goede sfeer, waar je ook bent!

Vraag het maar aan een motiverende spreker of goeroe voor persoonlijke ontwikkeling en zij raden u aan uzelf te omringen met positieve affirmaties over uw doelen. Hoewel het in eerste instantie misschien overbodig klinkt, sijpelt de positieve energie al snel door en beïnvloedt ons allemaal op de een of andere manier!

Dat is precies het effect dat positieve energie of sfeer op andere mensen heeft. Als je weet dat iemand zijn/haar ideeën zonder kritiek accepteert, kan hij of zij zich zonder twijfel voor je openstellen, waardoor je toegang krijgt tot zijn gedachten zonder dat er vragen worden gesteld! Dit alles wordt mogelijk gemaakt wanneer mensen om hen heen positieve energie met zich meebrengen; goede energie kan niet worden nagebootst, maar kan alleen worden gedetecteerd. Positieve attitudes verspreiden zich snel - iedereen praat graag met mensen die altijd de positieve kant zien! En met deze tips en strategieën om deze positieve sfeer om je heen op te bouwen:

Blijf naar de zonnige kant kijken
Zoals ze zeggen: jouw reacties op wat er met je gebeurt, bepalen de uitkomst ervan. In plaats van te treuren dat iemand saai voor je is, kun je van deze gelegenheid gebruik maken om manieren te onderzoeken waarop hij of zij anders denkt dan jij en om zinvolle interacties te creëren. Negatief focussen zou alleen maar meer negativiteit bij je naar boven brengen die anderen onmiddellijk zouden herkennen.

Als je het niet voelt, doe dan niet alsof
Zeggen dat je van honden houdt, kan hol overkomen; wees ruimdenkend genoeg om verschillende standpunten te aanvaarden zonder overeenstemming aan anderen op te dringen; Wanneer mensen zich realiseren dat u hun recht op een tegengesteld standpunt accepteert in plaats van te doen alsof u het leuk vindt of ermee eens bent, zal uw reactie veel positiever en verwelkomender overkomen op deze verschillen.

Oefen dankbaarheid
Vraagt u zich af hoe dankbaarheid relaties kan verbeteren? Door elke dag te beginnen en te eindigen met dankbaarheid voor alles wat het leven ons biedt, en door degenen te eren die u dagelijks tegenkomt, zoals teamleiders of broers en zussen, door eraan te denken uw waardering voor hen te uiten elke keer dat u met elkaar in contact komt. Je

dagelijkse praktijk van dankbaar zijn kan zelfs positieve energie met zich meebrengen als
je interacties met hen aangaat!

Ontdek negativiteit

Helaas kunnen we allemaal wel eens een opeenstapeling van negatieve gedachten
ervaren zonder dat we het beseffen. Dit is vooral het geval wanneer we bepaalde mensen
associëren met negatieve herinneringen; Als iemand bijvoorbeeld een aanstootgevende
opmerking heeft gemaakt de laatste keer dat u met hem of haar communiceerde, kunnen
onaangename herinneringen naar boven komen die nog lang blijven hangen nadat de
interactie is beëindigd. Probeer negatieve herinneringen te vervangen door vrolijkere
herinneringen om een vrolijke omgeving te creëren.

Meditatie biedt ons allemaal een kans van onschatbare waarde om te ontspannen, tot
rust te komen en ons geaard te voelen. Meditatie biedt je een prachtige manier om
eventuele negatieve energie om je heen los te laten en te evalueren welke impact je acties
hebben op degenen in je invloedssfeer. Bovendien kan het beoefenen van meditatieve
praktijken zoals mindfulness of spiritualiteit de verbinding met het innerlijke zelf
verdiepen en een diepere vrede bevorderen.

De natuur heeft genezende krachten

Buiten zijn heeft enorme genezende eigenschappen! Omringd door oceaangolven
kunnen uitzichten op de bergen of geluiden van de rivieroever wonderen doen om ons te
helpen ontspannen en van binnenuit te genezen. Tijd buiten doorbrengen is effectief
gebleken om mensen minder verbitterd en positiever te maken - een broodnodige pauze
nemen terwijl we reflecteren en het rustig aan doen met onszelf en elkaar is essentieel om
ervoor te zorgen dat we gelukkige mensen blijven!

Positieve energie in uw communicatie kan een rimpeleffect hebben op anderen en hen
aanmoedigen zich vrijer te openen en eerlijk te zijn in hun communicatie met u. Angst
voor oordelen, teleurstellingen of woede kan ervoor zorgen dat mensen zich afsluiten of
gaan liegen om niet onvriendelijk over te komen; Door een comfortabele sfeer en goede
energie te bieden, kunnen mensen ontspannen, zodat ze opnieuw kunnen beoordelen hoe
ze je waarnemen en hoeveel van zichzelf ze onthullen door middel van gesprekken.

Hoe kun je iemands gedachten lezen als je communiceert via zorgvuldig opgebouwde e-mails of telefoongesprekken? Of detecteren wanneer iemand liegt tijdens een telefoongesprek? Hoe kun je op dezelfde manier communicatie tussen de regels door interpreteren, zoals WhatsApp, die sterk afhankelijk is van bepaalde 'emoji's'?

Digitale communicatie biedt ons veel voordelen; we kunnen mensen over de hele wereld bereiken zonder onze bank te verlaten, terwijl tegelijkertijd de beperkingen ervan kunnen beperken hoe effectief we verbinding maken. Door de vooruitgang in de ontwikkeling na Covid hebben we echter geleerd hoe we efficiënter verbinding kunnen maken. Studenten bleken tijdens online lessen oplettender te zijn dan klassikale lessen, omdat ze de blik van hun leraar niet konden volgen - zonder te weten naar wie hij/zij keek op hun computerscherm! De technologie heeft echter nog een lange weg te gaan voordat zij de menselijke warmte en intimiteit van één-op-één menselijk contact kan evenaren.

Iemand ontdekken kan een uitdaging zijn als je niet de volledige aandacht hebt; slapen, eten of in een menigte. In de meeste gevallen zul je niet eens merken of de luidspreker aan staat tijdens videogesprekken of wanneer je volledige teksten leest voordat je reageert, waardoor het moeilijk wordt om mensen op deze digitale platforms te begrijpen; er zijn echter technieken die u kunt gebruiken om nauwkeurig te interpreteren wat iemand probeert te communiceren.

Luister, ik heb het misschien al een aantal keer genoemd, maar het afvuren van kritiek en conflicten in cyberspace kan gemakkelijker zijn dan rechtstreeks met iemand communiceren. Hoewel uw meningsverschillen misschien niet zo ernstig lijken als ze via sms worden gedaan, beperken ze nog steeds ons vermogen om naar elkaar te luisteren, te lezen of te begrijpen.

Let op indicatoren

Waar iemand zich ook bevindt, zijn toon, woordkeuze en omgeving kunnen allemaal indicatoren worden voor hoe zijn geest werkt. Hoe lang duurt het bijvoorbeeld voordat iemand op e-mails reageert? Of snel reageren via sms? Of heeft hun stem een gevoel van urgentie? Door er maar een beetje op te letten, kunnen we waardevolle informatie over hen verkrijgen!

Zorg voor een gekalibreerde aanpak

Mensen kunnen moeilijk face-to-face lezen, en nog meer op het scherm, waardoor het verkeerd interpreteren van hun toon, woordkeuze of pauzes nog moeilijker wordt. We kunnen hun tekst verkeerd interpreteren als er beperkte indicatoren voor ons beschikbaar zijn. Door face-to-face communicatie kunnen we een nauwkeurige weergave van een individu maken op basis van talloze aspecten, zoals gezichtsuitdrukkingen, lichaamstaal en algehele 'sfeer'. Als u via de telefoon of sms met anderen communiceert, zorg er dan voor dat u op basis van beperkte gegevens geen overhaaste conclusies trekt. Let op wat er wordt gezegd en stel indien nodig vragen voor de duidelijkheid. Als er tijdens een gesprek aannames ontstaan, vraag je dan af of er voldoende gegevens beschikbaar zijn om nauwkeurige waarnemingen te doen.

Hoe kan ik een leugenaar herkennen via de telefoon of sms?

Liegendetectie vereist scherpe observatievaardigheden; Maar omdat veel van de gebruikelijke signalen ontbreken in een sms- of e-mailgesprek, bieden leugendetectoren voldoende gegevens die nauwkeurige detectie via deze digitale platforms mogelijk maken. Hier zijn enkele aanwijzingen dat iemand schriftelijk tegen u liegt:

Iemand die leugens vertelt, lijkt misschien ongeorganiseerd en moeilijk vast te pinnen in één verhaallijn, waarbij hij voortdurend van onderwerp verandert in een poging de waarheid te verdoezelen of te verhullen. Ze proberen misschien de zaken te ingewikkeld te maken of valse beweringen te verzinnen die niet kloppen; een manier om deze berichten via sms te detecteren zou kunnen zijn door te zoeken naar lange alinea's tekst die geen duidelijkheid bieden over een onderwerp in de context; als het de waarheid was, hoefde je het niet nog eens door te lezen om erachter te komen wat er werkelijk was gebeurd.

Ze leggen te veel nadruk op onnodige informatie of vermijden het beantwoorden van specifieke vragen

Als iemand u een vraag stelt die direct een antwoord vereist, kunt u het antwoord altijd vermijden door te weigeren. Stel dat u uw partner bijvoorbeeld heeft gevraagd waar hij/zij was, maar geen antwoord kreeg; vier uur later sturen ze je een bericht om uit te leggen dat hun batterij leeg is, maar vertellen ze je nog steeds waar ze zich op dat moment bevinden - dit is liegen door weglating, aangezien ze op dat moment de waarheid vertellen, maar ervoor kiezen om niet te antwoorden toen het onderzoek voor het eerst werd gedaan; Bovendien kunnen ze proberen al te ingewikkelde antwoorden te geven, zodat ze proberen een direct antwoord te vermijden en het gesprek helemaal te laten ontsporen.

Niemand reageert

Voorbij zijn de dagen dat het verzenden van een bericht leek op het gooien van stenen in een oceaan zonder te weten wanneer en of het de ontvanger zou bereiken; nu weten we precies wanneer ons bericht is aangekomen, wanneer het is bekeken en of het wel of niet "online" is. De meeste berichtentoepassingen geven een weglatingsteken (...) weer wanneer iemand zijn antwoord typt, dus we weten dat we er elk moment een kunnen verwachten!

Te veel informatie Mensen hebben de neiging om uitleg te geven. Op het werk de boterham van je collega gegeten? De kans is groot dat u een verklaring zou geven, mogelijk wel vijftien minuten lang, waarom dit gebeurde. Op dezelfde manier hebben we bij het vertellen van leugens de neiging om te overdrijven in onze reacties om te verbergen wat we willen dat mensen geloven dat er gebeurt; Sommige mensen maken regelmatig lange teksten, maar als de reacties ongewoon lang worden, kan dit een bewijs zijn dat ze uitleg geven over informatie die ze besloten niet openbaar te maken.

Stel je voor dat je verwikkeld bent in een tekstueel argument waarin beide partijen hun respectievelijke kanten uiteenzetten en lange antwoorden opbouwen totdat je een vraag stelt en het gesprek abrupt verschuift van een antwoord naar een ander onderwerp. In zo'n geval zou hun poging om druk bezig te zijn erop kunnen wijzen dat ze van plan zijn deze gespreksdraad af te breken en naar iets heel anders te gaan.

"Ben je naar haar huis gegaan nadat ik je had gevraagd dat niet te doen?"

Ze keek verbaasd. Het is verbazingwekkend hoe weinig vertrouwen er tussen ons is! Helaas heb ik hier nu geen tijd voor omdat er de was moet worden gedaan; ik spreek je later, dag."

Hier heb je het allemaal: alle hulpmiddelen die nodig zijn om mensen te begrijpen. Met uw gids over mensen in de hand kunt u diepgaande kennis verwerven over waarom mensen spreken zoals ze doen, zich op een bepaalde manier gedragen en zeggen wat ze zeggen - van persoonlijkheids- en communicatiestijlkenmerken tot de beïnvloeders die hen vormen; al deze kennis is binnen handbereik, maar iemand begrijpen kan nog steeds tijd, moeite en een beetje giswerk vergen!

De geest is een ingewikkelde structuur, en om deze te ontcijferen moet men de complexiteit ervan blijven begrijpen. Zelfs als je iemand al jaren kent, kunnen kleine conflicten of meningsverschillen het moeilijker maken om objectief te luisteren naar wat hij of zij zegt.

Daarom benadruk ik vaak het belang van oefenen en observeren als het gaat om het begrijpen van mensen. U moet controle uitoefenen over uw eigen gedachten en tegelijkertijd blijk geven van een groot aanpassingsvermogen bij het lezen van de overtuigingen en communicatiestijlen van anderen om hun woorden correct te kunnen interpreteren. Hier vindt u een overzicht en een herinnering aan alles wat u moet meenemen elke keer dat u iemand wilt begrijpen en de complexiteit van hun onuitgesproken taal wilt ontwarren.

Wees mentaal klaar om mensen te lezen

Elke keer dat u met iemand anders in gesprek gaat, inventariseert u uzelf. Stel uzelf enkele belangrijke vragen, zoals: * Heb ik er al een mening over gevormd? of >> Zijn er vooroordelen en vooroordelen waar ik op moet letten?

* Ben ik mentaal en emotioneel in staat iemand te proberen te begrijpen? * Met welke aspecten moet rekening worden gehouden als we iemand proberen te lezen?

*Welke externe factoren kunnen mijn oordeel beïnvloeden? Door op deze manier onderzoek te doen, kunt u anderen zonder vooroordelen of oordeel benaderen. Om mensen nauwlettend te kunnen observeren, moet u aandachtig zijn - bevrijd uw geest van andere taken en gedachten, zodat u zich kunt concentreren op het observeren van de taken en gedachten die u interesseren, zonder ze als vanzelfsprekend te beschouwen - let goed op hun lichaamstaal, gezichtsuitdrukkingen en woorden terwijl u aandachtig en zonder vooringenomenheid luistert.

Besteed tijd aan het bestuderen van mensen. Het beheersen van welke kunst dan ook kost tijd en toewijding. Het lezen van mensen vereist voortdurende studie om nauwkeurige beoordelingen te kunnen maken over mensen met verschillende achtergronden. Om dit op de juiste manier te kunnen doen, moet je veel individuen met verschillende persoonlijkheden in de samenleving observeren om een accuraat oordeel over hen te kunnen vormen. Mensenlezen moet holistisch worden benaderd. Hoewel het leuk zou zijn om te begrijpen wat je baas denkt of welke boodschap je partner door de kamer probeert te sturen, vereist het begrijpen van patronen, gedrag en motivaties van iedereen met wie je in contact komt om dat op de juiste manier te doen. Voor deze taak is het noodzakelijk om deze patronen te kunnen herkennen door meerdere individuen te observeren. Houd rekening met deze vaardigheid wanneer u te maken heeft met pendelaars in het openbaar verkeer of wanneer u praat met verkopers in warenhuizen, of zelfs met kappers.

Oefening baart kunst, want hoe vaker u mensen met verschillende persoonlijkheidstypes en gespreksstijlen identificeert en opmerkt om hun boodschappen effectief over te brengen. Bovendien kun je door te oefenen vooroordelen en vooroordelen loslaten en mensen observeren zonder een snel oordeel te vellen over hun karakter of levenssituatie. De leesvaardigheid van mensen is een onmisbare aanwinst voor persoonlijke en professionele groei, waardoor u mensen en hun motivaties beter kunt begrijpen. Erkennen dat iemands luidheid misschien niet wordt veroorzaakt door agressieve spraak, maar door het leven bij een oudere grootouder met gehoorverlies, kan je een nieuw perspectief geven. Door goed te luisteren wanneer mensen aan het woord zijn, relevante vragen over hen te stellen en interesse te tonen in hun verhalen, kunt u zowel professioneel als persoonlijk betekenisvolle relaties opbouwen. De tijd besteden om mensen te leren kennen, zal zowel op het werk als daarbuiten zijn vruchten afwerpen!

Geduld en aandacht zijn altijd nodig
Leren breien kan lastig zijn. Oefening baart kunst, net als talloze pogingen om dekens te breien totdat elke knoop perfect is - maar zodra de daadwerkelijke taak van het weven van elke knoop in beeld komt, word je je scherp bewust van al het geduld, de aandacht en de toewijding die nodig is om één staaltje te maken. stof na de andere. Op dezelfde manier kan goed opletten in theorie gemakkelijk lijken, maar soms ook moeilijk als je te maken krijgt met communicatie met mensen met wie je het helemaal niet eens bent, of als je de lichaamstaal observeert van iemand die je oninteressant vindt - voor beide taken is oefening nodig als ze tot een goed resultaat willen leiden!

Geduld en aandacht kunnen u helpen deze uitdaging te overwinnen en ervaring op te doen door mensen vanuit verschillende gezichtspunten te kennen en te begrijpen. Alleen als je geduldig en aandachtig luistert naar iemand met wie je het niet eens bent, zul je leren hoe je mensen buiten je persoonlijke beperkingen kunt observeren en lezen.

Wees authentiek en kwetsbaar. Maak mentale aantekeningen als je ziet dat iemand halverwege een gesprek afstandelijk wordt. Mensen kunnen vijandigheid en oordelen snel ontdekken; ze weten wanneer iemand om hen heen op eierschalen probeert te lopen. Verwacht niet dat iemand zich voor je openstelt door achter een trenchcoat met een vergrootglas te gaan zitten terwijl hij probeert formeel of koel tegen hem of haar te zijn;

Als iemand zich voor jou wil openstellen, moet hij/zij zich veilig genoeg voelen en zich vrij en veilig voor jou openstellen.

Wees ruimdenkend bij het maken van uw oordeel

Deze is al vaak genoeg aan bod gekomen, omdat het maken van snelle oordelen en inschattingen over mensen op basis van vooroordelen en vooroordelen de belangrijkste bijdrage levert aan het feit dat ze zich afsluiten of dat je op basis daarvan ongepaste beoordelingen maakt. Oefen met het uitstellen van een oordeel of conclusie als je iemand observeert. Wees op uw hoede als u in eerste instantie denkt dat iemand die op straat danst de aandacht probeert te trekken - stop daar onmiddellijk! Als ze bijvoorbeeld blij lijken te dansen en je denkt "ze houden ervan om aandacht te krijgen", stop dan onmiddellijk voordat je concludeert wat er aan de hand kan zijn - of denk dat ze het gewoon leuk vinden om opgemerkt te worden en aannames te doen op basis van aannames.

Op dit punt zou het duidelijk moeten zijn dat het leren lezen van mensen een reis van zelfontdekking en evaluatie is; je beseft dit als je beseft dat het ook gaat om het ontdekken van meer over JOU en over de ander. Door dit te doen, kunnen we de beperkingen in onszelf herkennen, zodat we diepere en betekenisvollere verbindingen met elkaar kunnen creëren, waardoor we uiteindelijk inzicht krijgen in hun motivaties, ambities en vooral hun gedachten.

Begrijp waarom dit het begin is van elke reis. Het maakt niet uit of het een business school, een medische school of een rechtenstudie betreft – alles begint met het beantwoorden van deze ene vraag: waarom gebeuren de dingen zoals ze gebeuren. Zodra deze vraag is beantwoord, valt al het andere op organische wijze op zijn plaats. Bij het lezen van mensen draait alles om het beantwoorden van deze vraag voor communicatie, en als het eenmaal beantwoord is, kan het allerlei mogelijkheden openen en barrières van vooroordelen en miscommunicatie wegnemen. Iemand begrijpen leidt tot sterkere relaties. Bekwame communicatie zal u van dienst zijn tijdens de interacties van het leven. Van het overheersen van een teamlid of het overtuigen van ouders over uw ambities, tot het begrijpen van de motivaties en gedachtegangen van iemand anders: het kennen van de motivaties van uw doelwit geeft u de mogelijkheid om gehoord en gerespecteerd te worden. Wat een voordeel heb je gevonden! Elke pagina van dit boek leek op het openen van een doos vol mysteries die verband houden met menselijk gedrag - alleen dit boek geeft slechts een glimp ervan! Mensen hebben niet de neiging om netjes in zwarte of witte categorieën te vallen – ze zijn er in allerlei tinten! De kans is groot dat u elke dag meer en meer ontdekt over degenen die bij u wonen. Hun reacties kunnen verschillen afhankelijk van levenservaringen, emoties en omgevingsinvloeden. Om ze volledig te begrijpen, is het het beste om op de hoogte te blijven van deze veranderingen en je dienovereenkomstig aan te passen.

Dus nu is het gemakkelijker dan ooit om deze veranderingen te herkennen, van slechte stemmingen en negatieve mensen tot liegen en moeite met het communiceren van emoties. Gebruik het verstandig en verantwoord - de wereld heeft je nodig! Gebruik deze theorieën op het werk en bij de theorieën die u waardeert, omdat bomen nog steeds de warmte van de zon en voedingsstoffen in goede grond nodig hebben om te overleven. Begrip is noodzakelijk om begrepen te worden, en we moeten afgestemd blijven op de manier waarop mensen denken, zodat we zowel hun belangen kunnen beschermen als de onze kunnen begrijpen. Moge u lezen altijd verstandig gebruiken als een manier om betekenisvolle relaties te verdiepen en te koesteren.

HET EINDE